财富世界行 系列丛书

Richman Club

富豪俱乐部

韩国财富世界之旅

Rich World Tour Of Korea

李光辉 / 编著

中国出版集团　现代出版社

图书在版编目(CIP)数据

富豪俱乐部 / 李光辉编著. —北京：现代出版社，2016.7(2021.8重印)
ISBN 978-7-5143-5228-3

Ⅰ.①富… Ⅱ.①李… Ⅲ.①经济概况—韩国
Ⅳ.①F131.26

中国版本图书馆CIP数据核字(2016)第160720号

编　　著	李光辉
责任编辑	王敬一
出版发行	现代出版社
通讯地址	北京市安定门外安华里504号
邮政编码	100011
电　　话	010-64267325 64245264(传真)
网　　址	www.1980xd.com
电子邮箱	xiandai@cnpitc.com.cn
印　　刷	北京兴星伟业印刷有限公司
开　　本	700mm×1000mm 1/16
印　　张	9.5
版　　次	2016年12月第1版　2021年8月第3次印刷
书　　号	ISBN 978-7-5143-5228-3
定　　价	29.80元

版权所有,翻印必究;未经许可,不得转载

前言

QIANYAN

多年以来，我们就一直想策划关于G20的图书，经过艰苦努力，如今这个想法终于变成了现实。毋庸置疑，G20已经成为世界上最具影响力的经济论坛之一，而成员国则被视为世界经济界"脑力激荡"、"激发新思维"与财富的代名词。

我常常会在心里问自己：到底什么是财富？什么是经济？有的人可能会说，钱啊！这种说法从某种意义上来说有一定的道理。在这里我要说，只要是具有价值的东西都可以称之为财富，包括自然财富、物质财富、精神财富，等等。从经济学上来看，财富是指物品按价值计算的富裕程度，或对这些物品的控制和处理的状况。财富的概念为所有具有货币价值、交换价值或经济效用的财产或资源，包括货币、不动产、所有权。在许多国家，财富还包括对基础服务的享受，如医疗卫生以及对农作物和家畜的拥有权。财富相当于衡量一个人或团体的物质资产。

需要说明的是，世上没有绝对的公平，只有相对的强弱。有的人一出生就有豪车豪宅，而且是庞大家业的继承人；有的人一出生就只能是穷乡僻壤受寒冷受饥饿的孩子。自己的人生只有改变"权力、地位、财富"中的一项，才可以获得优势的生存机会。那么，财富又被赋予了新的内涵：要创造财富，增加财富，维持财富，保护财富，享受财富；要提高自己的生活质量。

二十国集团是一个国际经济合作论坛，它的宗旨是为推动发达国家和新兴市场国家之间就实质性问题进行讨论和研究，以寻求合作并促进国际金融稳定和经济持续发展。二十国集团由美国、英国、日本、法国、德国、加拿大、意大利、俄罗斯、澳大利亚、中国、巴西、阿根廷、墨西哥、韩国、印度尼西亚、印度、沙特阿拉伯、南非、土耳其共19个国家以及欧盟组成。这些国家的国民生产总值约占全世界的85％，人口则将近世界总人口的2/3。本选题立足二十国集团，希望读者通过阅读能够全面了解这20个经济体，同时，能够对财富有一个全面而清醒的认识。

即使在基本写作思路确定后，对本书的编写还是有些许的担忧，但是工作必须做下去，既然已经开始，我们绝不会半途而废。在编写过程中，书稿大致从以下几个方面入手：

1. 立足G20成员国的经济、财富，阐述该国的经济概况、经济地理、经济历史、财富现状、财富人物以及财富未来的发展战略等。

2. 本书稿为面对青少年的普及型读物，所以在编写过程中尽量注重知识性、趣味性，力求做到浅显易懂。

3. 本书插入了一些必要的图片，对本书的内容进行了恰到好处的补充，以更好地促进读者的阅读。

尽管我们付出了诸多的辛苦，然而由于时间紧迫和能力所限，书稿错讹之处在所难免，敬请各方面的专家学者和广大读者批评指正，我们将不胜感激！

编　者

2012年11月

目录 CONTENTS

开 篇 二十国集团是怎么回事

　　二十国集团,由八国集团(美国、日本、德国、法国、英国、意大利、加拿大、俄罗斯)和11个重要新兴工业国家(中国、阿根廷、澳大利亚、巴西、印度、印度尼西亚、墨西哥、沙特阿拉伯、南非、韩国和土耳其)以及欧盟组成。

二十国集团简介

二十国集团,由八国集团(美国、日本、德国、法国、英国、意大利、加拿大、俄罗斯)和11个重要新兴工业国家(中国、阿根廷、澳大利亚、巴西、印度、印度尼西亚、墨西哥、沙特阿拉伯、南非、韩国和土耳其)以及欧盟组成。按照惯例,国际货币基金组织与世界银行列席该组织的会议。二十国集团的 GDP 总量约占世界的 85%,人口约为 40 亿。中国经济网专门开设了"G20 财经要闻精粹"专栏,每日报道 G20 各国财经要闻。

> **【走近二十国集团】**
>
> 二十国集团,又称G20,它是一个国际经济合作论坛,于1999年12月16日在德国柏林成立,属于布雷顿森林体系框架内非正式对话的一种机制,由原八国集团以及其余12个重要经济体组成。

二十国集团的历史

二十国集团的建立，最初是由美国等 8 个工业化国家的财政部长于 1999 年 6 月在德国科隆提出的，目的是防止类似亚洲金融风暴的重演，让有关国家就国际经济、货币政策举行非正式对话，以利于国际金融和货币体系的稳定。二十国集团会议当时只是由各国财长或各国中央银行行长参加，自 2008 年由美国引发的全球金融危机使得金融体系成为全球的焦点，开始举行二十国集团首脑会议，扩大各个国家的发言权，它取代了之前的二十国集团财长会议。

二十国集团的成员

二十国集团的成员包括：八国集团成员国美国、日本、德国、法国、英国、意大利、加拿大、俄罗斯，作为一个实体的欧盟和澳大利亚、中国以及具有广泛代表性的发展中国家南非、阿根廷、巴西、印度、印度尼西亚、墨西哥、沙特阿拉伯、韩国和土耳其。这些国家的国民生产总值约占全世界的 85%，人口则将近世界总人口的 2/3。二十国集团成员涵盖面广，代表性强，该集团的 GDP 占全球经济的 90%，贸易额占全球的 80%，因此，它已取代 G8 成为全球经济合作的主要论坛。

> **【走近二十国集团】**
> 二十国集团是布雷顿森林体系框架内非正式对话的一种机制，旨在推动国际金融体制改革，为有关实质问题的讨论和协商奠定广泛基础，以寻求合作并促进世界经济的稳定和持续增长。

二十国集团的主要活动

二十国集团自成立至今,其主要活动为"财政部长及中央银行行长会议",每年举行一次。二十国集团没有常设的秘书处和工作人员。因此,由当年主席国设立临时秘书处来协调集团工作和组织会议。

会议主要讨论正式建立二十国集团会议机制以及如何避免经济危机的爆发等问题。与会代表不仅将就各国如何制止经济危机进行讨论,也将就国际社会如何在防止经济危机方面发挥作用等问题交换意见。

1999 年 12 月 15 日至 16 日,第一次会议暨成立大会,德国柏林;

2000 年 10 月 24 日至 25 日,第二次会议,加拿大蒙特利尔;

2001 年 11 月 16 日至 18 日,第三次会议,加拿大渥太华;

2002 年 11 月 22 日至 23 日,第四次会议,印度新德里;

2003 年 10 月 26 日至 27 日,第五次会议,墨西哥莫雷利亚市;

2004 年 11 月 20 日至 21 日,第六次会议,德国柏林;

2005 年 10 月 15 日至 16 日,第七次会议,中国北京;

2006 年 11 月 18 日至 19 日,第八次会议,澳大利亚墨尔本;

2007 年 11 月 17 日至 18 日,第九次会议,南非开普敦;

2008 年 11 月 8 日至 9 日,第十次会议,美国华盛顿;

2009 年 4 月 1 日至 2 日,第十一次会议,英国伦敦;

2009 年 9 月 24 日至 25 日,第十二次会议,美国匹兹堡;

2010 年 6 月 27 日至 28 日,第十三次会议,加拿大多伦多;

2010 年 11 月 11 日至 12 日,第十四次会议,韩国首尔;

2011 年 2 月 18 日至 19 日,第十五次会议,法国巴黎;

2011 年 11 月 3 日至 4 日,第十六次会议,法国戛纳;

2012 年 6 月 17 日至 19 日,第十七次会议,墨西哥洛斯卡沃斯。

二十国集团的相关报道

1.加拿大：防止债务危机恶化

作为峰会主席国，加拿大主张：各成员国应就未来 5 年将各自预算赤字至少减少 50%达成一项协议，以防止主权债务危机进一步恶化；会议应发出明确信号，收紧刺激性支出，即当各国刺激计划到期后，将致力于重整财政，防止通货膨胀。

【走近二十国集团】

以"复苏和新开端"为主题的二十国集团领导人第 4 次峰会于 2010 年 6 月 26 日至 27 日在加拿大多伦多召开。此次峰会正值世界经济出现好转趋势，但欧元区主权债务危机爆发又给全球经济走势增添诸多变数之际。在此背景下，与会的主要发达国家及发展中国家对这次峰会的立场受到国际舆论的高度关注。

加拿大还认为，应建立有效的金融调节国际机制，进一步提高银行资本充足率，以防止出现新的金融机构倒闭。不应由纳税人承担拯救金融机构的责任；加强世界银行、国际货币基金组织和多边开发银行的作用，支持国际货币基金组织配额改革，反对开征银行税，认为设立紧急资金是更好的选择。

此外，加拿大还表示，各成员国应承诺反对贸易保护主义，促进国际贸易和投资进一步自由化，确保经济复苏；增加对非洲的发展援助。

2.美国：巩固经济复苏势头

美国是世界头号经济强国，也是本轮金融危机的发源地。根据美国官

方透露的信息,美国政府对此次峰会的主要立场包括:巩固经济复苏势头;整顿财政政策;加强金融监管,确立全球通用的金融监管框架。美国希望与各国探讨国际金融机构的治理改革等问题。

【走近二十国集团】

二十国集团的宗旨是为推动巴工业化的发达国家和新兴市场国家之间就实质性问题进行开放及有建设性的讨论和研究,以寻求合作并促进国际金融稳定和经济的持续增长。

美国财政部官员说,中国日前宣布进一步增强人民币汇率弹性,其时机对二十国集团峰会"极有建设性"。欧洲宣布将公布对银行业进行压力测试的结果,这将有助于恢复市场信心。

美方对这两项宣布感到鼓舞。

3.巴西:鼓励经济增长政策

根据从巴西外交部得到的消息,巴西将在二十国集团峰会上提出要求各国继续鼓励经济增长政策、加快金融市场调节机制建设的主张。

巴西认为,当年4月结束的世界银行改革"令人满意",但在今后几年中还应在各国投票权上实现进一步平等。此外,峰会应从政治层面强调国际货币基金组织改革。

巴西政府主张二十国集团应发挥更大作用,因为当今世界,二十国集团已显示出了高效讨论各种重要议题的论坛作用。同时,二十国集团也需从主要讨论金融危机拓展到其他问题,如发展、能源和石油政策等。

4.俄罗斯:主张二十国集团机制化

俄罗斯曾经在峰会上就二十国集团机制化、推动国际审计体系改革、建立国际环保基金等具体问题提出一系列倡议。

梅德韦杰夫曾经在会见巴西总统卢拉后说,现在需要努力将二十国集团打造成一个常设机构,以便对国际经济关系产生实际影响。

梅德韦杰夫还在接见美国知名风险投资公司负责人时表示,原有的国际审计体系已经被破坏,俄罗斯目前正在制定改革这一体系的相关建议。他说,二十国集团峰会应对关于审计改革的议题进行讨论。

在防范金融风险方面,俄罗斯可能提出两套方案:一是开征银行税并建立专门的援助基金;另一方案是在发生危机时,国家向银行提供资金支持,但危机过去后,银行不仅要返回资金,还要支付罚款。

5.日本:期望发挥积极作用

日本外务省经济局局长铃木庸一则在记者会上表示,在发生国际金融和经济危机、新兴国家崛起等国际秩序发生变化的形势下,二十国集团是发达国家和新兴国家商讨合作解决全球问题的场所,日本可以继续为解决全球问题发挥积极作用。

【走近二十国集团】

铃木庸一说,从支撑世界经济回升、遏制贸易保护主义的观点出发,二十国集团首脑应表明努力实现多哈谈判早日达成协议的决心。

日本期望峰会能深入讨论如何应对全球性问题并达成一些协议,发达国家和新兴国家能够更多地开展合作,共同致力于解决经济、金融等方面的全球性课题。

6.南非:希望从国际贸易中受益

对于二十国集团峰会,南非政府希望在峰会上重申,南非将与其他国家加强贸易进出口联系,以使其在国际贸易交往中受益。对此,南非方面呼吁重建世界贸易经济交往秩序和规则,予以发展中国家新兴经济体以更多的优惠与权利,与其他发展中国家携手重建世界贸易新秩序。

南非经济学家马丁·戴维斯认为,二十国集团峰会本是西方世界的产物,如今以中国、南非、巴西、印度等新兴经济体为代表的发展中国家需要联合起来，打破国际经济旧秩序，建立更加平衡、公平、长效、利于世界经济全面复兴的新国际经贸秩序。

【走近二十国集团】

在推进国际金融监管改革方面，欧盟将力主就征收银行税达成协议。除此之外，欧盟还提出要在峰会上探讨征收全球金融交易税的可能性。

7.欧盟：实施退出策略需加强协调

对于欧盟来说，在实施退出策略上加强国际协调和继续推进国际金融监管改革，将是其在峰会上的两大核心主张。

欧盟曾经掀起了一股财政紧缩浪潮，但在如何巩固财政和维护经济复苏之间求得平衡的问题上与美国产生分歧。在退出问题上美欧如何协调将是多伦多峰会的一大看点。

8.印度：征银行税不适合印度

印度政府官员表示，在峰会上，新兴经济国家与发达国家在如何促进世界经济复苏的问题上将产生不同意见。

各国应对金融危机的情况不同，经济增长形势不同，西方国家必

须认识到这一点。

印度官员指出，欧盟目前被一些成员国的财政赤字和债务危机所困，法德两国都希望收缩开支。但德国如果采取财政紧缩政策，它可能会陷入双重经济衰退，而且整个欧盟的经济也将随之收缩，这不利于世界经济复苏。

印度官员同时表示，美国政府最近提出要征收银行税和加强对银行的政策限制，西方很可能要求印度等国也采取类似措施，但这并不适合印度，因为印度的金融体系相当健康。

9. 中国：谨慎决策防范风险

中国外交部副部长崔天凯曾经在媒体吹风会上说，多伦多峰会是二十国集团峰会机制化后的首次峰会，具有承前启后的重要意义。中方希望有关各方维护二十国集团信誉与效力，巩固该集团国际经济合作主要论坛的地位。

中方在此次峰会上强调，为推动全球经济稳定复苏，各国应保持宏观经济政策的连续性和稳定性；根据各自国情谨慎确定退出战略的时机和方式；在致力于经济增长的同时防范和应对通胀和财政风险；反对贸易和投资保护主义，促进国际贸易和投资健康发展。

中方还指出，为实现全球经济强劲、可持续增长，发达国家应采取有效措施解决自身存在的问题，以减少国际金融市场波动；发展中国家应通过改革和结构调整，以促进经济增长。

【走近二十国集团】

二十国集团还为处于不同发展阶段的主要国家提供了一个共商当前国际经济问题的平台。同时，二十国集团还致力于建立全球公认的标准，例如在透明的财政政策、反洗钱和反恐怖融资等领域率先建立统一标准。

集团宗旨

二十国集团属于非正式论坛，旨在促进工业化国家和新兴市场国家就国际经济、货币政策和金融体系的重要问题开展富有建设性和开放性的对话,并通过对话,为有关实质问题的讨论和协商奠定广泛基础,以寻求合作并推动国际金融体制的改革,加强国际金融体系架构,促进经济的稳定和持续增长。

2011巴黎G20财长会议

全球瞩目的二十国集团财政部长和央行行长会议于当地时间2011年10月15日在法国巴黎闭幕,此次会议是在全球经济尤其是欧债危机深度演化的背景下召开的,吸引了各方关注。

会上,各成员国财政领袖支持欧洲方面所列出的对抗债务危机的新计划,并呼吁欧洲领导人在23日举行的欧盟峰会上对危机采取坚决行动。

此外,与会各方还通过了一项旨在减少系统性金融机构风险的大银行风险控制全面框架。

在本次财长会上,全球主要经济体对欧洲施压,要求该地区领导人在当月23日的欧盟峰会上"拿出一项全面计划,果断应对当前的挑战"。

呼吁欧元区"尽可能扩大欧洲金融稳定基金(EFSF)的影响,以便解决危机蔓延的问题"。

有海外媒体报道称,欧洲官员正在考虑的危机应对方案包括:将希腊债券减值多达50%,对银行业提供支持并继续让欧洲央行购买债券等。

决策者还保留了国际货币基金组织(IMF)提供更多援助,配合欧洲行动的可能性,但是对于是否需要向IMF提供更多资金则意见不一。

当天的会议还通过了一项旨在减少系统性金融机构风险的新规，包括加强监管、建立跨境合作机制、明确破产救助规程以及大银行需额外增加资本金等。

根据这项新规，具有系统性影响的银行将被要求额外增加1%至2.5%的资本金。

二十国集团成员同意采取协调一致措施，以应对短期经济复苏脆弱问题，并巩固经济强劲、可持续、平衡增长基础。所有成员都应进一步推进结构改革，提高潜在增长率并扩大就业。

金融峰会

二十国集团金融峰会于2008年11月15日召开，作为参与国家最多、在全球经济金融中作用最大的高峰对话之一，G20峰会对应对全球金融危机、重建国际金融新秩序作用重大，也因此成为世界的焦点。

金融峰会将达成怎么样的结果？对今后一段时间的全球经济有何推动？对各大经济体遭受的金融风险有怎样的监管和控制？种种问题，都有待回答。

第一，拯救美国经济，防止美国滥发美元

目前美国实体经济已经开始衰退，为了刺激总需求，美联储已经将基准利率降到了1%，并且不断注资拯救陷入困境的金融机构和大型企业，这些政策都将增加美元发行，从而使美元不断贬值。

美元是世界货币，世界上许多国家都持有巨额的美元资产，美国

【走近二十国集团】

　　如何拯救美国经济，防止美国滥发美元；要不要改革IMF，确定国际最后贷款人；必须统一监管标准，规范国际金融机构活动。这里对峰会做出的三大猜想，一定也有助于读者更好地观察二十国集团金融峰会的进一步发展。

滥发货币的行为将会给持有美元资产的国家造成严重损失。因此，金融峰会最迫在眉睫的任务应是防止美国滥发货币，而为了达到这个目的，各国要齐心协力拯救美国经济，这集中体现在购买美国国债上。

截至2008年9月30日，美国联邦政府财政赤字已达到4548亿美元，达到了历史最高点，因此，美国财政若要发力，需要世界各国购买美国国债，为美国政府支出融资。因此，G20的其他成员要步调一致，严禁大量抛售美国国债，只有这样，才能稳住美国经济，自己手中的美元资产才能保值增值。

第二，改革IMF，确定国际最后贷款人

查尔斯·金德尔伯格在其脍炙人口的《疯狂、惊恐和崩溃：金融危机史》里指出，最后贷款人对解决和预防金融危机扩散至关重要。如果危机发生在一国之内，该国的中央银行可以充当这一角色，但是如果其演变为区域性或全球性金融危机，就需要国际最后贷款人来承担这一角色了。

1944年成立的国际货币基金组织（IMF）就是为了稳定国际金融秩序而建立的一个国际最后贷款人。但是，IMF本身实力有限，只能帮助应对规模较小的金融危机，而且一直受美国利益的支配，在援助受灾国的时候，往往附加苛刻的政治条件，限制了受灾国自主调控经济的自主性，往往在解决金融危机的同时导致严重的经济衰退。

【走近二十国集团】

在国际范围内，既不存在世界政府，也没有任何世界性的银行可以发挥这种功能，但是如果G20能够达成一种世界性的协议，共同应对更大规模的危机（例如由美国次贷风暴所引发的金融危机），将成为一种次优选择。

在这次峰会中，G20其他成员，尤其是新兴经济体将更多地参与到IMF改革中来，包括要求更多的份额、在决策中拥有更多的发言权等。但是IMF的问题还不止于此。IMF成立之初主要为了应对贸易赤字所带来的国际收支失衡,但是今天的问题是资本流动成了影响一国国际收支的主要因素,在巨量的资本流动面前,IMF 发挥的"救火"功能十分有限。在这种情况下,应确定规模更大的、协调功能更好的、能应对巨额资本流动冲击的国际最后贷款人。

第三,统一监管标准,规范国际金融机构活动

这次危机的根源之一是美国金融监管过度放松。作为金融全球化的主要推动者,美国对其金融机构和金融市场创新的监管越来越宽松,在这种宽松的环境下,其投资银行、商业银行和对冲基金等金融机构高杠杆运营,在全球其他国家攻城略地,屡屡得手。例如,1992 年的英镑和里拉危机,1997 年的亚洲金融危机,在很大程度上都是对冲基金兴风作浪的结果。由于这些机构在全球运行,可以通过内部交易或者跨国资本交易来逃避世界各国的金融监管,因此,统一监管标准,规范国际金融活动,就成了除美国之外,G20 其他成员的共同心声。美国也想加强金融监管,但是它更清楚要掌握监管

规则制定的主动权。如果放弃主动权,美国在国际金融体系中的霸权地位将会被极大撼动,这是美国金融资本所不愿看到的,而这也恰恰是G20其他成员的金融资本所诉求的。欧盟成员国在这个问题上早早表明了立场,预计在金融峰会上,美国或者置之不理,或者与G20中的欧盟成员国展开一番唇枪舌剑。经济和政治犹如一对孪生兄弟,如影随形。这次金融峰会不光要应对全球经济危机,更关系到美国相对衰落之后的全球利益调整。这个讨价还价的过程不是一次金融峰会就可以解决的,未来更多的峰会将接踵而来。目前,中国是世界上仅次于美国的第二大经济体,拥有全球最多的外汇储备,其他各国都盯住了中国的"钱袋子",更加关注中国的动向。中国应抓住这次世界经济和政治格局调整的机会,主动发挥大国的作用,参与国际规则的制定,为中国的崛起、为全球金融和经济的长治久安做出自己的贡献。

【走近二十国集团】

二十国集团成员涵盖面广、代表性强,该集团的GDP占全球经济的90%,贸易额占全球的80%,因此已取代G8成为全球经济合作的主要论坛。

第一章　实现经济的再腾飞

　　物价上涨麻痹着作为市场经济体制核心要素的价格功能,使财源分配不公。由此使工薪阶层生活困苦,然而,拥有房地产等实物财产的高收入阶层却从中渔利,结果加深了不同阶层的不平等。所以,稳定物价是使市场经济顺畅、拓宽经济增长潜力所必备的条件,使全体国民享受经济增长实惠,建立公平社会的基石。为了稳定物价,通过平稳地运营通货与财政政策,以驾驭总需求最为紧要。此外,为了稳定物价,果断地废除少数企业以其影响力所进行的对一些部门的垄断等限制竞争的制度与惯例,并且为稳定国民生活中极为重要的食品费、居住费、私立学校学费等,制定相应的对策。

财富小百科

金钱不是万能的,买不到所有我们想要的东西。

你是不是一个信奉"金钱不是万能的,但是没有钱却是万万不能"的人?你是不是一个觉得现在整个社会就是按照"有钱能使鬼推磨"的规律运行的人?甚至你是不是一个觉得"有了钱就有了一切"的人?如果这些想法还没在你的脑海里根深蒂固,那么最终有一天你会意识到自己没有沦为金钱的奴隶是多么幸运的一件事情,因为钱真的不是万能的,买不到所有我们想要的东西。

当你以为你可以帮助一个刚参加工作的大学生,试图改善他的物质生活条件,并且充满自信地问他是否需要帮忙的时候,如果他现在最想改变的不是自己的物质生活现状,而是简单地希望得到父母身体健康、工作顺心、收获纯真爱情的时候,你会不会觉得即便自己有钱也对于他的梦想无能为力?

第一节 财富稳定而灵活地发展

　　长期以来让韩国国民在经济方面感到不安的一个重要原因是物价的不稳定。通过对国民的调查发现,对经济问题能否安定,物价是最为敏感的问题。

　　物价上涨必然给国民的生活带来负面影响,尤其是靠工资生活的人负担加重。因为月工资未变,如物价上涨10%的话, 实际工资相应地减少了10%。然而,拥有房地产等实物者,则因此渔利。由此不断拉大贫富差距。在物价上涨造成贫富差距增大的情况下,国民对福利需求无疑在增加。其结果,因支出过多的福利费用, 不仅抑制了经济的增长,而且使财政紧缺,由此形成物价再膨胀的恶性循环。

> **【走近韩国】**
>
> 　　韩国的"韩"字源于韩半岛南部历史上的三韩。三韩最早记载于《后汉书·东夷列传》第七十五:"韩有三种",包括马韩、辰韩和弁韩。"韩"后来演变为朝鲜族的别名。1910年大韩帝国灭亡后至二战后朝韩分治形成前,"朝鲜"与"韩国"的两种称谓多混用。

　　另外,物价上涨使市场经济体系之核心因素的价格功能渐趋恶化,造成资源分配不合理,进而削弱了经济体系的效能。如:资金与生产部门断流,相反流向房地产等非生产领域,于是使经济增长潜在力所需的投资出现负增长。与此同时,因资金不能流入金融机构,所以中小企业很难从金融机构获得贷款,由此造成中小企业与大企业的差距越来越拉大。

　　所以,稳定物价是市场经济顺畅运行及拓宽经济增长的必要条

【走近韩国】

由于"朝鲜"与"韩国"这两个汉源词在英文中皆被翻译为"Korea"（高丽），因此英语（以及其他欧美语言）中并没有类似汉字文化圈的"朝鲜—韩国名称问题"。英语中，其正式名称为"Republic of Korea"，缩写为"R.O.K."，通称"South Korea"。

件，也是给实干者以补偿，使之生活水平提高的基础。同时，使全体国民从增长中得到实惠。

因此，国民政府为稳定物价竭尽全力。首先运用通货与财政政策，尽最大的努力稳定物价，目前在扭转经济危机状况的范围内可灵活操作。此外，政府将通过促进竞争、改革流通以引导物价稳定，并尽最大努力稳定食品、住宅费、私人智力投资费。通过政府采取一系列举措，使得1997年12月至1998年2月间物价不断上涨的局面，从1998年3月始有所缓和。

为了长期稳定物价，维持适当的总需求，必须有效地管理通货、财政等宏观政策变量。国民经济整体的物价水准是由市场交易的商品与服务的总需要及总供给而决定的，总需求量主要是受通货与财政等宏观变量的左右。

1970年经历过通货膨胀的英国、新西兰等先进国家，于80年代后期最大限度地保障了中央银行的独立性，将稳定物价作为首要目标，独立实行了通货政策。为适应这样的世界经济发展趋势，韩国于1997年调整了韩国银行法，在最大限度保障中央银行独立性的同时，规定稳定物价为韩国银行通货信用政策的首要目标，并为之努力。

为了稳定物价，稳定运营财政极为重要。假如财政赤字持续，并且

财政赤字因增加发行货币而隐形时,会带来物价的不稳定。持续的大规模增加发行货币,会引起如80年代南美各国所经历的通货膨胀。为此,政府通过削减预算、改善国营企业结构等财政改革与税制改革,努力促进财政的健全性。

【走近韩国】

　　韩国国旗太极旗,是1882年8月由派往日本的使臣朴泳孝和金玉均在船上第一次绘制的,1883年被高宗皇帝正式采纳为朝鲜王朝的国旗。

　　当然,在管理通货与财政政策中,除了稳定物价的政策性目标外,还为了经济增长、消除失业、机构改革,而寻求财源,制定与此相关的政策目标极为重要。所以,国民政府为了缓和经济结构调整中发生的金融危机和迅速恢复经济增长潜力,计划采取灵活的通货与财政政策。当然,如此扩大通货与财政应在尽可能不导致物价上涨的范围内进行。根据目前极度萎缩的经济状况来看,总需求的增长引起物价上涨的可能性不大。相反,随着经济结构的调整、经济的迅速恢复,稳定物价的基础会更加坚固。

　　在这一阶段政府持续促进了工业商品价格的完全自律化、改善竞争的制度、改善流通的规章等,其结果是稳定物价的"价格波动"

现象在扩散。但仍然有个别企业以其影响力垄断诸多领域，为此政府将继续努力废除限制竞争的制度。

首先，纠正进行勾结和滥用市场支配地位等不公正的商业行为，让企业展开正当的竞争，为此强化公正交易委员会对不公正行为的监督作用。其次，原则上废除产业政策中所有干涉性规章，以促进竞争。

此外，将继续实行对丧失竞争力的企业，通过市场机制摆脱困境的制度。特别是世界贸易组织(WTO)体制启动后，世界经济被统一在一个市场，使我们迎来了日趋竞争的时代。所以，更加努力使制约竞争的市场结构与惯例转向正确的市场经济结构。

与此同时，改善繁琐的流通结构，使之起到稳定物价的功能。流通体系从大的方面可分为产地与消费地等硬件设施和与此相联系的操作这些硬件的"软件"即人力。硬件的发展需要相当的时间与财源，但软件只需经过努力就会大有改善。如：在管理国营批发市场制度上，通过改善规章、加强经营观念等挖掘和促进生产者与消费者均能得益的制度。

第二节　稳定生活物价为首要课题

　　货篮子物价关系到家庭的生计,所以,稳定货篮子物价对稳定社会有重要的作用。而为了稳定货篮子物价,稳定食品费、居住费、私人智力投资费、公共用金极为重要。

　　首先,为稳定食品费,必须稳定随着气候条件多变的农、畜、水产品价格。所以,要加强对农、畜、水产品需求与供给的预测功能,加强需求与供给的全面对策。

　　现在住房费较稳定,为了使之能够维持,将继续扩大住宅供给,同时,削减成为家庭负担的私人智力投资费。根据1997年5月消费者保护院有关私人智力投资费实际调查资料,每户月平均支付私人智力投资费183000元韩币。对此,政府将改革入学考试为主的制度,原则上消解私人智力投资需要,且计划继续减少私人智力投资费负担。

　　与此同时,为了稳定生活物价,稳定服务费用也十分重要。外食费(去饭店饮食)、洗礼费等服务费用,迄今仍由协会内部自定。所以,将通过公正交易委员会与消费者团体进行彻底监督。

　　此外,要合理制定煤气费、电费等

【走近韩国】

　　韩国国徽公布于1970年7月。国徽中央为一朵盛开的木槿花。木槿花的底色白色象征着和平与纯洁,黄色象征着繁荣与昌盛。花朵的中央被一幅红蓝阴阳图代替,它不仅是韩国文化的一个传统象征,而且在此代表着国家行政与大自然规律的和谐。一条白色饰带环绕着木槿花,饰带上缝着国名"大韩民国"四字。此特点与朝鲜的国徽设计相同。

公共费用标准。公共费用因政治压力等导致收费过低，只反映劳动力价格。对此，政府在决定公共费用标准时，在提高合理性与自律性的同时，通过降低原价及诱导经营效益、民营化等方式以免价格出现暴涨的情况。

特别要缩小国民切肤感受的货篮子物价与政府发布的消费者物价的差距。从1998年4月开始政府发布了生活物价特殊指数，并根据每5年调查的城市家庭经济支出情况，修订消费者物价指数。今后将根据城市经济条件的变化，继续扩大调查对象。与此同时，将调查物价的次数，从每月一次增至3次，统计出与现实完全符合的数据。

物价水准是消费者、企业、政府等所有经济主体总体活动的结果，所以，为了稳定物价，政府与其他所有经济主体共同为之努力是十分必要的。

首先，企业通过开发新技术生产出物美价廉的产品，由此体现企业家征服市场的精神。而消费者进行合理的消费生

活，加强对企业物价的监督作用。为了让提供物美价廉产品的企业生存，应有充分的消费活动和监督行为。

　　另外，政府也应随着社会各方面透明、公正的秩序，发挥制约作用。为此，在检验相关制度并加以改善的同时，健全财政管理。政府为了在全国76个主要市、区设立以消费者团体为主的消费者物价监督团，不仅为其提供相关的信息，而且给予资金支援。同时于1998年下半年修改了消费者保护法，消费者可以获得企业产品的价格资料，由此进一步促进了消费者的监督活动。

【走近韩国】
　　韩币的基本单位是韩元。韩国的货币单位为"元"，用"WON"表示。韩币有纸币和硬币两种。纸币有1000韩元、5000韩元、10000韩元、50000韩元四种，易于根据纸币上面印的历史人物和颜色加以分辨，同时50000韩元上首次将女性头像印在其上，表示了追求两性平等。

第三节　提高出口骨干产业的竞争力

出口曾在以往的经济快速增长中起过"增长原动力"的作用，但随着高费用、低效率经济结构的加深，出口产业的竞争力持续降低。因生产资料及消费品进口的急剧增长，国际收支于1990年以后出现了惊人的赤字，这不仅使外债积累，而且引发了外汇危机。

解决外汇不足的根本方法是奠定外汇市场的稳定基础，恢复因内需停滞而困难重重的经济活力，重要的是，要提高出口竞争力，对外交易要均衡地扩大发展。

1997年11月以后，贸易收支趋向顺差，进入1998年至该年7月，出现了史无前例的顺差，达到了227亿美元，这虽然与韩国产品增加出口有关，但更重要的原因还在于经济萧条进口锐减。

国民政府为了巩固贸易收支顺差

基础,在短期内,解决进出口货款、原料供需等燃眉之急;在中长期,强化出口产业的竞争力。同时,完善进出口共同增长的产业结构,通过节省能源或有效利用等减少能源进口。

【走近韩国】

　　韩国铸币总共有1韩元,5韩元,10韩元,50韩元,100韩元,500韩元6个币值。现流通的硬币有10韩元、50韩元、100韩元、500韩元四种（10韩元是最小单位）。

　　国际贸易组织体系启动后,已不可能像过去那样对个别企业援助补助金,所以,国民政府将按照国际标准改编出口援助体系。

　　首先,缓和因经济危机引起的与进口相关的金融和原料供需之难。其方法是摆脱以往对特定企业直接援助的方式,采用市场利息为基础扩大资金可用性的方法。为此,政府将世界银行贷款中的10亿美元和包括进出口银行筹措的20亿美元及其他资金共53亿美元,作为进出口金融援助。

　　另外,今后为了加强出口保险的保证功能,政府计划扩大出口保险基金。政府为解决原料供需难,已将美国农产品出口信用公司提供的15亿美元等,作为原料进出口援助金而使用。同时,增加了筹措厅的储备资金。此外,对进口基础原料的关税采取减免措施。政府经过了解企业的出口困难,为不断完善、发展援助对策,政府与财界合作设立了"出口支援对策班子"(委员长为产业资源部长官)。

　　同时,着力扩充作为出口竞争力基础的贸易设施、扩大贸易展览馆、拓展出口产品的广告领域,继续缩小进出口产品的限制范围,简化进出口环节,解除进出口经营者的不便等。

此外,通过开设信用证等与进出口相关的72项业务程序化,使之成为减少进出口过程所需时间、费用的自动化产业,为企业提供方便。同时,通过开设贸易业务、创业等外贸研修课程培养贸易专业人才。

扩大对世界贸易组织(WTO)许可的技术开发和(R&D)环保领域的投资,以提高出口产业的竞争力。

半导体、汽车、钢铁、造船、纤维等是韩国的骨干出口产业,至今主导着出口和经济增长。但近年来,受科技发达国家的控制与以低生产费为基础的发展中国家的冲击,使韩国企业在国际竞争中受到了威胁。所以,为了今后持续扩大出口,重要的是这些骨干产业以产品的高附加价值化增强竞争力。

韩国的半导体产业,继美国、日本之后在生产方面占世界第三位,特别是在DLAM方面为第一生产国。但是韩国半导体产业,以敏感于环境变化的存储器为中心,形成了生产体制。所以,国际上对存储器需求减少,整个半导体产业将

要处于困境。为了改变这样的现状,政府将均衡发展存储器与尖端技术。同时,使制造半导体的机器与材料国产化,国产机器及零部件的高级化,促进跨时代机器与新材料的开发,由此将半导体零部件产业培育成出口产业。

【走近韩国】
　　由于韩元汇率高、不值钱,故1元、5元硬币2001年2月起停止流通。

现在,出口规模上占世界第五位的汽车业,靠低价大量生产得以维持,结果是质量竞争力大幅降低。特别在近期,因内需及东南亚出口市场的不振陷入困境。政府将调整汽车产业结构,尽可能增加产业技术开发的投资,由此缩短与发达国家在汽车质量上的距离。另外,在汽车产业中,把零部件生产引向大型化,改变现在一个零部件产业只供给一个组装产业的非他性子关系,使零部件产业与多个组装产业形成交易的开放关系。

在世界上,继日本之后位居第二位的造船业,大多以出口求生存,所以受出口变化的影响很大。现在的生产结构,以生产利润低的泛用船舶为主。所以,引导船舶业建立具备能够生产LNG船等可获高额利润的船舶为主的生产结构，并通过开发跨时代的造船技术，促进造船业的先进化，多角度发展海洋业。

钢铁产业中产钢量占世界第十六位，占世界钢铁总量的5.4％，但作为普通钢铁生产体系利润不高，所以，要改变以扩大外延为主的增长趋势，将生产体系转向可获高额利润的特殊钢材生产方面。

韩国纤维产业的出口规模达世界第四位，但从总体工艺水平上与发达国家相比，只能达到80％。图案、款式、新材料、颜料加工等核心工艺薄弱。为了改变这样的状况，要引导纤维产业形成品种多、产量少的体系及产品的专门化。同时，促进纤维新材料与产业用纤维材料的开发，向生产高额利润产品方面倾斜。此外，通过设立产、学、研等共同研究基地，扩大研究技术开发的基础，并建立纤维专门大学等，以促进纤维产业的高额利润化。

在韩国经济中存在着出口与投资增长必然带来进口增长的结构性问题，这是由于韩国出口产业虽然以汽车、钢铁、造船等重工业为主，但机器类、零部件、原材料等生产资料产业竞争力薄弱所引起的。即为了生产成品，而制造产品的机器、零部件、材料需要从国外进口，所以在制造成品时，需从国外进口30％的机器与零部件，而这一点的成本就要高出日本的3倍。

国民政府为了改变这种进口

诱发型产业结构，将积极培育生产资料产业。为此，政府在扩充国产生产资料基础的同时，确立生产资料开发中销售、信息等连贯性援助体系，由此援助资金、技术、人力、信息等。将以国产化的生产资料为对象举办"国内外技术市场"，使品种多、产量少为特征的零部件产业，

【走近韩国】

木槿花是韩国的国花。花开时节，木槿树枝会生出许多花苞，开得春意盎然，春光灿烂。因此，韩国人也叫它"无穷花"。

有效地获得需求信息，并促进零部件的公用化、标准化。此外，即使开发了优质产品，但为了解除需要者对质量的存疑，设立检验质量的自动化设备实验中心，以加强质量保证业务。同时吸引外国的先进企业，谋求引进与生产资料相关的技术。

第四节　转向有效利用能源的经济结构

　　韩国从国外进口97.5％的能源，所以有较大的对外依赖性。1997年能源进口额达到总收入的19％，即272亿美元。其间为了有助于发展产业与稳定物价，降低了能源价格，其结果是能源消费增长率超过了经济增长率，构成了能源消费超过日本等发达国家两倍的能源集约型经济结构。

　　国民政府为了引导有效地利用能源，第一，不仅要公开能源的成本价，而且要公开用于治理环境污染、道路混杂等社会性费用，以使价格趋于合理。为此，将能源的税率分阶段上调。另外，为了使能

源消费更趋合理,制定与能源价格相关的政策,以及引进预告能源价格的制度。

第二,积极培育与节能相关的企业,在提高顾客所有生产设备的能源效率后,将用节省的能源费,对减少投资费和回收适当利润的节能专门企业(ESCO),采取多方面援助政策。此外,为了培育生产节能型机械企业,使所有新建企业义务性使用节能型机械,以此扩大需求量。

第三,制定出让国民积极参与节能的制度。为此,通过公布体现能源效率的客观指数与等级,为消费者做出正确的选择提供信息。将现在对个别产品实施的能量效率最低标准,继续扩大范围,防止未达标的产品在市场流通。汽车尾气排放标准范围也将扩大到货车。

【走近韩国】

韩国总人口5008.7万（2010年1月底），主要为朝鲜民族，属蒙古人种东亚类型，占全国总人口的99%，是一个单一民族的国家。

第五节　财富达人的理财之道

财富故事秀

　　张小姐家境贫寒,由于家里有 8 万元的负债,其中还有 3 万元是高利贷(利息3分),因此她中专毕业就出来工作了。在工作中,张小姐认识了现在的丈夫,他负债2.5 万元,这样加起来共有 10.5 万元的债务。之后的 4 年里他们辛苦工作,省吃俭用终于还清了债务,还剩下结余存款 6 万元。手头有钱了,丈夫就辞职创业,可结果却亏损了 1 万元,无奈又将存款中的 3 万元作为两年租金租了一家店铺,然后又将店铺转租。张小姐在工作后深刻认识到自己仍需"充电",所以报了自考,成功获得了大专文凭后又继续自考本科。这时张小姐跳槽了,月薪达到 3000 元,半年薪水加奖金共有存款 2 万元。半年后二人首

付 13.5 万元买房，公积金贷款 23 万元，15 年本金还贷，月供 2100 元，每月递减 5 元。经过两年打拼，由于工作出色，张小姐的收入猛增，除了按月偿还贷款，还有定期存款 6 万元、活期存款 3 万元。更可喜的是，贷款买的房子明显增值，原来的店铺也是，如果将店铺转让，可赢利 5 万元。

【理财密码】

　　银行理财师建议，财富"亚健康"如同身体亚健康一样可怕，在遭受到金融危机冲击下，有可能会使家庭收入变少而直接影响到还债，被加收罚息直至被银行冻结或收回抵押房产。

一、你的财务是否陷入"亚健康"

现代社会，人的身体会出现亚健康状态，但是，很多人不知道，我们的财务也会由于各种原因陷入"亚健康"。财务亚健康是指财务处于健康与疾病之间的一种不良的状态。具体来说，就是虽然你没有出现财务危机或者入不敷出的情况，但是你的财务已经在理财方式方法上有了危险因素存在。这些危险因素可能会随着环境因素的影响导致你的财务出现危机，从而形成了财务亚健康的状态。现在的 80 后财富"亚健康"有如下表现：赚了钱之后却没有时间理财；把赚来的钱全部存到银行，认为存钱是最好的理财方式，理财观念不积极；每个月的工资都用完，却没有丝毫的理财意识；理财知识匮乏，获得理财知识的渠道狭窄，又不信任专业的理财师；把理财和投资混为一谈，只追求高回报，不理会其中的高风险。这五种具有代表性财富亚健康的状况，又表现出了 80 后收入来源单一、家庭保障力不足等现状。

二、财富"亚健康"成常态

现今社会中，80 后财富"亚健康"已经成为了普遍存在的现象。其中的六大症状表现，更是暴露了 80 后已经处于财富

"亚健康"的状态。

1.家庭保障不足

80后的家庭保障不足主要表现为：家庭保障资金所占的比例低于家庭资产的10%。而一般的高收入人群，家庭保障资金超过家庭资产的15%，家庭保障充裕。较强的风险防范意识或者出于做好退休后生活的合理规划等考虑，会使得人们增加家

【理财密码】

流动性比率过低或者过高，都会导致财富"亚健康"，反映个人财富总体流动性的付比率（流动资产／负债总额）也大体呈现同样分布。因此，80后摆脱财富"亚健康"的途径之一就是保持自己的资产在一定范围内流动，不宜过低或过高。

庭保障资金的比重。

2.收入来源形式单一,财务自由度过低

收入单一的人群"亚健康"状态是隐性的,这些群体在工作相对稳定的时候是不会有所影响的,但是如果发生意外状况,收入减少或者没有,其个人和家庭都很可能会因为没有收入来源而陷入窘迫的境地。

3.盈余状况不佳

80后的财富"亚健康"状态还表现为:盈余比例低于10%,消费比例高于60%。调查数据显示,盈余状况不佳的以年轻人群(20～30岁)居多,其他年龄层次则出现较少。

4.净投资资产与净资产比值不合理,投资目标不明确

净投资资产与净资产比值处于合适值域的人群不是很多,甚至有的人该比例不足10%。净投资资产与净资产比值在50%左右为比较合适和理想的指标,过低很难达到资产增加的目的,而比例过高会带来很大的风险和意外。

5.负债比率过高

有些80后由于工资待遇低等原因会出现负债的情况,而高负债比率会使人们的生活质量下降,甚至在遭受到金融危机冲击下,有可能会使家庭收入变少而直接影响到还债,导致被加收罚息直至

被银行冻结或收回抵押房产。

案例1：负债让小文的生活陷入困境

小文结婚时买了一套市郊的二手房，二室一厅，70多平方米。买房时，除了双方家长在经济上援助了一部分外，还向亲戚借了7万元，这7万元每个月有100多元的利息，加上20年的贷款，一共20万元，加起来每月还款大约1400元。

【理财密码】

80后的财富"亚健康"状态可以用五种有代表性的群组加以区分，分别为"存钱族"、"好高族"、"抵触族"、"穷忙族"、"月光族"。这些群组中成员的不同财富状态反映了不同的财富"亚健康"症状。如何正确有效地治疗这些症状是目前需要我们解决的问题。

小文夫妻俩每月的收入是7000多元，他们都有三险，老公有住房公积金，但是年底没有奖金。扣除每个月的开销和必须还银行房贷1400多元，一个月能存2000多元。

小文计划用结余的钱，在3年内还清亲戚带利息的账款，每年的还债总数大约是21000元。每个月的生活标准不变，只要每月能结余2000多块，其余的花费都不必计较，遇到喜欢的东西，就掏腰包。出人意料的事情发生了，小文怀孕了，但是他们事先并没有计划和安排，两人也不想去堕胎，想把孩子生下来。小夫妻一筹莫展，后悔当初理财时想得不周到，让家庭财政陷入了困境。

小文的问题出现在两个方面：第一，没有储备未来的可用资金，光想着早日还清贷款；第二，他们不了解负债会带来什么样的影响。

如果小文明白问题出在哪里就不会面临今天的窘境，他们每年的余钱只够还清每年计划要还的账款，而没有留意情况外的资金，比如说怀孕这件事。

其实，小文夫妻的生活是可以过得很充裕的，他们每月的净收入7000多元，如果分配合理，是能够应对怀孕这样的意外事件的。比如，他们每月节省1000元出来，一年半的时间，至少可以存15000元，应对一些小的意外事件可以说绰绰有余。

三、财富"亚健康"五大人群

1.传统存钱族:还是存银行最安全

存钱族是指把赚来的钱存入银行的人群,他们认为存钱就是最安全的理财方式,因而没有积极的理财观念。存钱族已经具备了延迟消费的基本理财理念,他们仅仅是简单地存钱,忽视了存钱的目的,没有考虑到通货膨胀等因素的限制,而是盲目地存钱。80后不能仅仅通过存钱一种方式来理财,还应该多了解其他投资品种来扩展自己的投资范围和渠道,通过丰富的投资品种来灵活积攒财富。当然也可采用不同形式的存钱方法,让存钱变得更加灵活和机动。

2."疯狂"好高族:理财就是赚钱

好高族把理财和投资混为一谈,只追求高回报,不理会其中的高风险。这类人群投机心理比较重,容易为追求高回报,没有计划地盲目投资。好高族有一定的理财观念,但还是需要加强自己的理财意识和理财知识,学会用科学的方法进行投资。随着基金的分红喜人,股市的行情高涨,不少人蜂拥而至,投资热情越来越高。这类人群不仅仅局限于把钱存进银行,或者购买国债等低投资低收益的理财产品,也开始把目光投向了股市、黄金等高收益的理财产品。

好高族缺少的是对投资产品的详细了解,在不了解的情况下盲目投资违背了"知己知彼百战百胜"原则,其结果只能是投资失败、资金损失。如果对某一投资领域做深入的研究或者有专业的理财师的指点,就可以有效地避免投资失败。投资理财方式是因人而异的,理财的品种也是各有千秋,关键是要学会独立思考,寻找适合自己的理财方法和理财品种。

【理财密码】

专家建议,要选择适合自己的投资理财方式,符合自己的风险偏好和承受能力。投资资产越多元化,赚钱的渠道越多,投资资产组合也更稳定。这样理财目标才会容易达成,生活才会有更好的保障。

3.固执抵触族：我们不理财有什么错

抵触族是指理财知识匮乏，获得理财知识的渠道狭窄，又不信任专业理财师的人群。抵触族手中持有闲置的资金，却对投资知识了解不多，在银行里面存入了每月的结余，手中有很多的准备金，最终导致手中有过多的资金闲置，这可能是投资能力不高所造成的。抵触族要改变理财观念，合理搭配投资和消费，做好二者的平衡，要多学习一些理财成功的例子，避免盲目投资。抵触族不必在身边放置过多的准备金，留存3～6个月的现金便可，剩余的资金可以充分利用，用于购买保险、基金、股票等理财产品，也可以通过组合投资的方式，产生更多的投资收益。

良好的投资能力是实现理财目标的基础。80后一定要根据个人和家庭的具体经济情况，确立理财目标，不要以赌博的心态投资，以免造成巨大的损失，得不偿失。

4."大手"月光族：我们没钱咋理财

"月光族"是指每个月的工资都用完，却没有丝毫理财意识的人群。这类人群通常没有长远的打算，只图一时的消费痛快。

"月光"的原因有两种：一种是收入比较低，另一种是消费比较高。"月光族"中以80后的年轻人居多，从调查数据来看，如果他们的消费比例控制在40%～60%，节余达到20%～40%，这样赚钱和消费会融合得很好。

"月光族"理财，首先是要养成定期储蓄的习惯，将每月工资按照一定的计划进行定期

【理财密码】

"月光族"可以在每个月的月薪领到后，先留出一部分作为当月需要的生活费用和开支，将剩下的钱选择适当的储蓄种类存入银行，通过这种方法，可以减少许多不必要的开支，使日常经济支出按计划运转。严格地控制消费，养成良好的理财习惯，采取日积月累、定期定额的投资方法，可以使80后的"月光族"达到获取收益的目的。

储蓄、购买股票等分配，同时消费要有节制，可以将每个月的资金分为基本生活开销、必要生活费用和额外生活费用3个项目，并且要养成记账的习惯，只有这样才能减少不必要的开销，做到开源节流。

【理财密码】

　　丰富收入来源，提高家庭财务多样化要及早树立理财意识，同时要将消费支出控制在合理的范围内。

5."可怜"穷忙族：我们没空理财

　　穷忙族是指工作繁忙，赚了钱之后却没有时间理财的人群。这类人群的收入方式是十分单一的。

　　穷忙族每天辛勤地工作，无暇关注其他事情。朝九晚五不停地工作，他们所有的目的只为赚钱，却忽略了理财和其他事情。

　　时间的管理和理财的原理其实是相通的，我们在学会"节流"的同时，还要学会"开源"。每天24小时对于每个人都是公平的，而学会对时间的管理，将分分秒秒都花在刀刃上，就可以提高效率，达到多赢的目的。

　　另外，投资理财不在于时机的好坏，而是越早越好；投资理财不在于金额的多少，而是愿不愿意。一寸光阴一寸金，及早做出投资理财的规划，就能够寻求到合理的回报率。

　　从理财的角度来说，穷忙族的收入过于单一，如果这单一的收入中断，生活就会变得十分窘迫。因此，80后的穷忙族应尝试通过各种途径获得多种收入来源，以增加应对风险的抵抗能力。

四、如何使你的财富保持健康

制定合理的财务规划,实现个人或家庭安全、富足的财富目标,使你的财富保持健康。

1.风险管理

80后想要保持健康的财富首先就要做好风险管理。我们要对家庭目前的生活情况进行风险评估,找出对家庭生活、财务方面有隐患的地方,用风险管理工具进行有效的预防,使财富保持健康。

2.子女教育

作为80后,首先要明确孩子的教育目标——以后是否要出国进修、在哪里念大学等,然后根据这些具体的目标实行理财确保教育资金专款专用。

3.退休管理

现在的准备工作决定了退休以后的生活品质。其中社保是最基础的,但是,仅仅靠社会保障系统来维持生活、提高生活品质是不够的。按目前的养老金提取比例,领到的退休金仅仅是你现在的1/3,是很难维持现有的生活水平的。

> 【理财密码】
>
> 父母都希望给子女最好的教育,为孩子准备一笔教育基金也是重要的一个环节。教育理财是具有一定难度的,需要进行合理的规划。因此,子女的教育基金要根据家庭的实际情况来决定。

同时,对退休金的规划还应该包括健康理财。我们要以多种方式化解今后的养老压力。比如,作为一种强制性储蓄手段的商业养老保险,可作为社会养老保险的有力补充。

案例:丁克夫妇理财:养老金计划先行

小周和小徐夫妇今年都28岁,两人不准备要孩子,是典型的丁克一族。小夫妻都在国有企业上班,小周每月收入6000元,小徐每月收入4000元。每月家庭支出主要包括2500元基本生活支出、1200元娱乐支出和1000元交通支出。他们刚刚购置好一套80平方

【理财密码】

理财规划专家认为："个人理财的目标是要为自己及家人建立一个安心富足健康的生活体系，实现人生各阶段的目标和理想，最终达到财务自由的境界。"

米（60万元）的住房，其中贷款40万元，分20年还清。除了住房首付款后，夫妻俩还有存款10万元。可是，小周和小徐是否能在退休后依然能保持现有的生活水平？

家庭财务分析：夫妇俩在收入较高的同时开支也很大。若加上房贷，每月也只有2000元的储蓄。储蓄能力不强就不能实现小周夫妇资产的迅速积累。此外，夫妻俩没有打算要孩子，那么25年后，当他们进入晚年的时候却没有儿女的照顾与帮助，从某种程度上会大大降低生活保障。如2008年的金融危机、通货膨胀等各种因素小周夫妇日后资产缩水也是相当有可能的。

参照资产负债情况，小周夫妻俩的收支比相对较差。最突出的表现就是支出高、储蓄率低。假如夫妻俩的财富积累到一定程度，在投资中谋求到较多的收益回报的话，支出是可以维持在现有水平的。但从目前情况看，小周夫妇正处于存款初期阶段，身上还背负着一些债务。如果今后继续保持现有消费水平的话，未来是否能享受到现有的生活水平可以说是个未知数。

小周家庭每月需要偿还贷款3000元左右。每年储蓄不足3万元（不计存款利息），而一年的支出却达6万元之多（不计贷款本息）。如果两人按照60岁退休，也就是还可以再工作32年（不计失业风险、通货膨胀和投资收入）计算，夫妻俩每两年的储蓄收入只能供他们自己使用一年。如此推算，退休16年后，小周夫妇将身无分文。

不容小觑的通货膨胀

假设现在有1000元存款，如果按照最为温和的通胀率2%来计算，那么10年后就相当于打了8折，30年后只为原来的一半。倘若通胀率高达4%，那么30年后仅相当于42.4元的购买力。

财富故事秀

小李是一个刚毕业的大学生，在某事业单位工作 6 个月了，每个月的收入是 3000 元。他每月的开支包括房租(含水、电、燃气费)500 元，生活费 500 元，交通通信费 100 元，其他费用 300~500 元，没有任何积蓄，也没有车和房。他的目标是打算在 5 年内买车。

> **【理财密码】**
>
> 理财是一种生活方式，更是一种必然的行为趋势。通过理财行为增加投资回报，规避通货膨胀带来的资产贬值；通过理财控制不必要的支出行为，养成良好的投资习惯；通过理财了解和掌控日后自己的"财务人生"。

为了早日实现自己的奋斗目标，小李制定了一些规划，具体如下：

(1)每个月固定购买货币基金 1000 元，一年可积累 12000 元，把其余的钱存入银行里，以备不时之需。

(2)每年将货币基金中的 1000 元投资于股票型基金中，剩余的钱继续投放在货币基金中。

(3)股票型基金年收益率在 15% 左右，货币市场年基金收益率在 5% 左右，经过 5 年的积累，可积累 10 万元左右，实现他的理财目标。

80 后的年轻人正是风华正茂的年龄，遇到风险的承受能力很强，具有发展潜力。刚参加工作的年轻人，工作压力大，辛苦，社会保障也少。在他们的储蓄达到一定程度的时候，一些高风险的理财产品也是可以尝试的，可以购买一些高风险的基金、股票，相对的收益也会大一些，这样可以比较快速地致富。

一、理财，早规划早受益

有些 80 后抱着做一天和尚撞一天钟的态度，虽然年龄在逐渐增长，但是财富累积却非常慢，当别人的财富已经逐步增多的时候，自己才终于认识到理财的重要性，但这个时候已经晚了！

【理财密码】

时间是年轻人最宝贵的财富,年轻的时候应当具备冒险精神,即使失败了,也可以爬起来,况且可以学到很多宝贵的经验。

越早规划理财, 就会越早成功,越早达到致富的目的。年轻就是投资致富的本钱,越是年轻的人,越有资格做以小钱赚大钱的梦!如果等到中年以后才开始投资理财, 所需要投入的资金,不是一般人可以负担得起的。

投资理财是年轻时的工作,退休以后的生活便是如何合理利用财富。如果年轻的时候只是一味地享受生活,那么年老的时候只会过着贫穷的生活,到了老年以后再想理财,为时已晚。

二、设定理财目标

很多80后都习惯了随心所欲地花钱,直到囊中羞涩,然后伸长脖子等待发工资的那一天。虽然偶尔也会考虑将来,但他们却从来没有认真地为将来的生活计划过。要把握自己未来的生活,必须为自己设定一个理财目标。

1.分析自己的财务状况

"知己知彼,百战不殆",80后在进行理财前需要对自己的能力、财力以及理财市场的现状和发展趋势有一个全面的了解。

首先需要对自己的财务状况列个明细表,包括自己的资产和负债。资产主要包括储蓄、股票、债券以及房产等,对这些资产的回报率需要有充分的了解。负债主要包括未还的各类房屋贷款、汽车贷款以及信用卡透支等,要了解每月需要偿还的这些负债费用。

另外需要养成经常进行财务分析的习惯,可以每月或者每季度抽出一定的

时间，结合市场上的现状和趋势调整自己的理财项目。

2.设定合理的理财目标

美国皮京顿兄弟公司总裁阿拉斯塔·皮京顿提出过一条皮京顿定理："人们如果无法明白地了解到工作的准则和目标，他必然无法对自己的工作产生信心，也无法全神贯注。"一般而言，一个合理的理财目标应该包括以下特征：

明确目标实现的时间，根据不同的阶段，设置不同的理财目标，循序渐进。

正确估量自己的能力，选择符合自己能力和市场环境的投资理财项目。

3.评估自己的风险承担能力

任何投资都存在风险，一般而言，投资回报率高的产品其风险往往也越高，80后在选择理财投资产品的时候首先需要了解自己的风险承担能力。

风险承担能力一般表现为两个方面：一方面是心理承受能力，即投资者心理上能承受的风险或损失；另外一方面是个人或家庭的财务状况，即考虑到家庭的收入和支出情况后，用来承担投资理财所带来的风险的能力。

80后在评估风险承担能力的时候需要对以上两个方面进行综合考虑，选择投资理财产品的时候必须同时符合这两个方面的需求，否则对家庭和个人都将造成伤害。

三、人生各个阶段的理财目标

理财是每个人一生都要经历的必修课，在不同的人生阶段，个人或家庭的理财需求不同，理财的侧重点也不同，理财应根据不同的人生阶段进行不同的规划，满足不同时期的需求，同时保障个人

【理财密码】

将目标细化和量化，可以清晰地知晓为达到目标每月需要存入的金额和每年的投资回报率等。定期总结，定期考核，方便及时准确地进行相应调整。

或家庭的正常生活。

如果将人生从学校毕业后开始划分，可以分事业起步、新婚人群、为人父母、事业有成、准备退休等五个阶段。

1.事业起步阶段（20～25岁）

事业起步阶段的人群一般收入不高，但是花销较大，很大一部分属于80后的"月光族"。这个年龄一般属于刚离开学校，没有财务和家庭压力，可以承受较大风险，但是由于理财经验的缺乏，如果盲目投资容易造成损失。

这类人群需要理性消费，养成定期储蓄的习惯，避免成为"月光族"。同时，有一定闲置资金之后可以着重选择投入不高、回报较高的短期保障型理财方式。投资的目的不在于获利，而在于积累资金和投资经验。

理财优先顺序：节财计划—资产增值计划—应急基金—购置住房。

2.新婚人群阶段（25～30岁）

刚组建家庭的人，他们的理财目标因条件和需求不同分为两种：如果是双薪无小孩的新婚族，具有较大的投资能力，可以尝试着从事高收益率及低风险的组合投资，或者买房、购车以及自主创业争取贷款；而一般有小孩的家庭就得兼顾子女养育支出的费用，理财建议采取稳健及寻求高获利性的投资策略。

理财优先顺序：购置住房—购置硬件—节财计划—应急基金。

【理财密码】

刚组建家庭的人收入在逐步上升，但是开支也逐年增加，经济上以家庭为重心，趋于稳定，同时面临买房、购车、育儿等支出。

3.为人父母阶段（30～40岁）

30～40岁的人，收入渐趋稳定，开支依然逐渐上涨，在经济上以育儿和孩子的教育费用为主，如果有房贷还需要每月偿还贷款。

这个阶段正是消费的高峰时期，面对上有老下有小的生活，应该控制消费，早日为子女建立教育基金，为自己及子女购买缴费少的意外保险、定期寿险以及健康医疗保险等。另外,可以教导子女科学理财,灌输理财意识。

理财优先顺序：子女教育理财规划—资产增值管理—应急基金—特殊目标规划。

4.事业有成阶段(40～50岁)

进入40岁之后,人们的工资收入稳中有升,储蓄投资方面的收入也稳步上升,此时面临的主要问题是子女成家立业及父母退休养老的费用。

由于此时人们的投资和储蓄的收益在逐步增加,因此,在准备子女成家立业的开支和父母的养老开支外,还需要积极规划好自己的退休生活,做好保险计划,尤其是养老和健康方面的计划。

【理财密码】

在制定投资计划时,可以将投资资本的50%用于股票或同类基金,40%应用在定期存款、债券及保险,10%用于活期储蓄。但风险投资的比例应随着年龄增加逐渐减少,保险应逐渐偏重于养老、健康和重大疾病险。

理财优先顺序:资产增值管理—养老规划—特殊目标规划—应急基金。

5.准备退休阶段(50～65岁)

退休后最为重要是身体和精神健康,投资和消费都比较保守,建议以稳健、安全、保值为理财目的,不宜进行风险较高的投资。

此时,投资的方向应该转向以保值、稳定为主的低风险投资,医疗、保险项目的退休基金为主要目标,此外还应计划好退休生活。

在制定投资计划时,可以将投资资本的10%用于股票或股票型基金,50%用于定期储蓄或债券,40%进行活期储蓄。若个人资产较多,还可采用合法的节税手段,尽可能将财产传给下一代。

理财优先顺序:养老规划—遗产规划—应急基金—特殊目

【理财密码】

理财专家建议张先生调整存量资产投资比例，可以调整为10%的组合存款、45%的债券基金和45%的股票基金。这样张先生一家既可以使自己的资产增值，又同时拥有一定比例的固定存款，夫妇二人的晚年生活也会更加幸福。

标规划。

案例:怎样规划属于自己的"夕阳红"

张先生是一名军队退休技术干部,退休后还在民营高科技企业工作。除了有3000元左右的退休金外,他每月还有收入5000元。妻子是公务员,也已经退休, 她的退休金足够支付全家的基本生活开支。儿子刚结婚,自己买了房子和父母分开过。老两口每年能积攒下10万元左右,约30万元的资产都存在银行。他们按自己的身体情况,估计还能工作四五年,可以攒到70万至80万元。于是,张先生想到了用这30万元存款进行投资,可是却不知道该如何投资。

其实,退休人士主要面临的经济问题是在养老、医疗和护理等方面所需要的费用。张先生一家收入颇为稳定,有完善的单位医疗保障,所以不用担心医疗问题,他的理财目标主要应该是资产增值。

四、将目光定位在未来

人生的不同阶段有不同的理财目标。根据时间的长短,大致可以分为短期(5年以内)、中期(5~20年)和长期(20年或以上)三个投资理财目标。

1.短期目标分析

短期目标的期限是小于或者等于5年,制定这个目标的目的是为了提高生活质量和个人的增值。而实现这个目标需要做很多的努力,比如:偿还债务(私人借款和信用卡的欠款)、完成学习课程(知识进修或者提升技术的费用)、旅游(存钱)、购买奢侈品(名车、首饰等)……个人增值和提高生活质量只是一个梦想,当然我们为它制定了详细的计划表,为了能更好地实现这一目标,又会相应地制定一套量身定做的理财计划，我们不能说效果很显著，但是操作起来肯定是轻车熟路。

2.中期目标分析

中期目标的期限是 5 ~ 20 年，制定这个目标主要是为了扩大自己的目标范围，同时把生活由个人向家庭的中心转移。而这一时期格外重要，因为这个阶段

【理财密码】

既然人生目标可以根据年限而拥有不同的特性，所以在财务上的准备，也应该分开处理。至于哪种投资组合更适合你的回报率，可以根据自己的实际状况而定，或者请教投资公司、银行的理财顾问。

能否处理好，直接关系着你的转移是否成功。成家立业应该说是这一阶段的主要内容，结婚和婚宴需要大量的金钱，创业也同样需要金钱，而且还存在着一定的风险，所以这一阶段付诸实践要经过深思熟虑。

3.长期目标分析

长期目标的期限是 20 年以上，这个目标是以家庭为中心而策划的长远人生计划，实现家庭生活的长治久安。这一过程包括购房买车、子女教育经费和退休后的生活保障。对于 80 后来说，为了"钱途"，一定要好好学习理财知识，可以请教理财方面的顾问，提高这方面的知识水平，在脑海里有一个完整的构架，方便更好地进行家庭理财。

不同理财阶段的生活重心和所重视的层面不同，理财的目标也会有所差异，了解自己处于人生何种理财阶段，设定与需求相配合的理财目标才能更好地进行投资

理财。

案例:年收入 8 万元打造低风险家庭理财计划

目前姚女士夫妇年总收入共计 8 万元,双方均有社保、医保,应该是衣食无忧,他们的孩子今年刚刚读小学。目前在市区有一套父母留下的住房,90 平方米,存款约 10 万元。二人几年前进入股市,手头现有股票市值约 10 万元。家庭日常消费每月 2000 元;孩子每年学习生活费约 6000 元;姚女士夫妇均已办理社会养老保险和一般医疗保险;由于他们炒股一直没能赚钱,因此准备从股市中退出。他们对于投资风险还是具有一定的承受能力,接下来想制订低风险较高收益的理财计划,应该如何理财?

【理财密码】

投资理财专家建议她以“保险 + 人民币理财产品 + 股票型基金 + 银行存款”的模式进行组合投资理财。

姚女士原先理财计划的不足之处在于:投资比重失调,投资股票的权重过大;保险投资的力度相对较弱;对于稳定性理财收益保障不够。

理财项目 1:保险

综合来看,作为一家之主,丈夫的收入是家庭的主要经济来源。由于公司定期有健康检查,考虑到投入保险的回报,他可以选择购买一种“两全保险”。作为 30 岁的职业女性,姚女士不仅应该提防一些重大疾病保险给予保障的重大疾病,还有必要考虑到在医疗费用上同样支出不菲的所谓“二类重大疾病”。孩子属于比较容易患病的人群和意外伤害事故的高发人群。

保险设计:姚女士的先生购买两全保险分红型,选择 30 年期,一次性购买 20 份,投入 2 万元;姚女士购买终身女性重大疾病保险,选择交至 60 岁,保额 10 万元,年交保费 2920 元;孩子购买少儿重大疾病保险,选择年交至 18 周岁,保额 5 万元,每年交保费 3435 元。

保险支出：每年固定支出保费为 6355 元，这不需要占用目前能够进行理财的 25 万元资金。不过，需要一次性拿出其中 2 万元为姚女士的先生购买保险。

理财项目 2：人民币理财产品

建议将 25 万元可以投资 10 万元购买银行三年期的人民币理财产品，其预期综合收益率为 3% 左右。

理财项目 3：股票型基金

建议用 25 万元中的 12 万元投资股票型基金。股票型基金可能出现 5% 的损失，也可能获得超过 10% 的收益。预期年收益率能达到 10%，年收益：12 万元 × 10%=12000 元。预期最大损失 5%，年亏损：12 万元 × 5%=6000 元。

理财项目 4：银行存款　上述投资比例可根据当时市场情况进行相应调节，但必须保留 1 万元的现金持有，作为家庭的紧急备用金。

同时，股票型基金的变现较为方便，因此也能够为家庭的临时需要提供较为充足的准备。当然，这 1 万元不计算收益。

第六节　财富名人榜——金宇中

　　1936年12月19日，金宇中生于韩国大邱一个书香门第。朝鲜战争的爆发打破了一家人的安宁，随着战争的逐步升级，金宇中的家境日渐衰落。

　　1967年3月22日，金宇中同5个人合伙创办了大宇实业株式会社。金宇中自任贸易部长。那年他31岁。当年就创汇50万美元。

　　1974年，大宇对外出口持续高速增长，达1.2亿美元，获"1亿美元出口塔"的荣誉。大宇的资本比8年前创业时增加了800倍，达40亿元。

　　1976年初，为了发展机械工业，金宇中不惜冒巨大风险，收购了有40年亏损历史的大型企业韩国机械，并在一年后使之转亏为盈，被评为优秀企业。这次冒险是金宇中一生中最大的冒险，但他也因此而获"韩国最优秀经营人"的称号。

　　1986年9月，大宇汽车会社的轿车工厂正式竣工投产，其年产汽车16.7万辆，平均每两分钟生产一辆汽车。从此，大宇汽车成为了集团的旗舰产品。到了这一年，大宇集团已发展成为拥有27个系列产业的集团，涉及服装、纤维、钢铁、机械、建筑、电

子、造船、汽车、化工、金融、证券、保险、旅游、教育、科技等各个方面，职工人数增至8.5万人，海外分支机构67个，已经是韩国的第二大财阀，仅次于现代集团。

金宇中作为大宇集团创始人，仅用了32年时间就把大宇发展为仅次于现代集团的韩国第二大企业，世界20家大企业之一，资产达650亿美元。在一代人的心目中，金宇中及其大宇集团是韩国的象征。在韩国陷于金融危机的1997年，金宇中甚至仍能借危机使大宇由排位第四提升到第二，被美国《财富》杂志评为当年亚洲风云人物。

名人故事

　　金宇中与别的报童不同，他卖报不仅腿勤口勤，而且善于动脑。报童们喜欢到离报社近的市场卖报，那里来往人虽多，可大多数是本地人。金宇中与众不同，他发现较远的防川市场更有利可图，尽管市场规模较小，但附近居住的是躲避战火的北方难民，他们要比当地人更爱看报，希望从中得到故乡的消息。报童们总是一边卖报一边收钱。金宇中认为这样虽稳妥却费时。为了独占防川市场，他除了预先准备好零钱外，还采取了先看报后收钱的办法。每天一大早取到报纸后，他就急忙跑到防川市场。从市场入口开始他便把报纸迅速发给面熟的老顾客，直到把100份报纸分发完才回过头来——收钱。这样做看上去冒险，但实际上几乎没有人不付钱。到了下午4点，已卖完报纸的金宇中，又从别的报童手上低价买进报纸，拿到市内繁华区去卖。晚上9点，他又蹲在风山洞邮局门口把剩余的报纸卖给下晚班的北方难民。这样一来，金宇中一天就能卖上150份报纸，最多时高达200份，收入基本能维持一家4口人的生活了。后来金宇中回忆起这段生活时，总是自豪地说自己是一个贫困而又不平凡的少年商人。

第二章 促进知识化、信息化的财富积累

　　世界正急速转向以创意性与个性为基础的知识、信息、技术左右国家竞争力的知识基础经济。但韩国在以往,因官营经济之弊,疏忽了努力适应时代的变化,其结果是未能摆脱低效益产业结构,引发了当前的经济危机。所以为了恢复韩国经济可增长的潜力,尽快达成产业的知识集约化与结构先进化,国民政府将通过需要者为中心的教育,培养出能够开创新局面的人才,并对现有人力提高水平。此外,建立信息电脑程序在培养个人使用信息能力的同时,积极培育作为信息化基础的信息通信产业。提高科技投资的生产效益性与基础研究开发能力,建立需要者为中心的技术开发体制,把韩国建设成为科技强国。

　　对于尚且没有足够多钱的小朋友、大学毕业生来说，钱都不能满足他们所有的愿望，更何况现已收获金钵满满的成功人士。那些在各大富豪榜名列前茅的大富豪，赚取更多的钱财也不过是自己存款数字上的增长而已，钱既不能帮助他们实现家庭幸福，也不能帮助他们买到来自内心真正的关心。无论你是没有太多钱的人，还是早已收获财富的人，钱财都不是你追求的唯一，因为它不能实现你所有的愿望。

　　你是不是每天都在为自己没有钱而苦恼，总是埋怨生活对自己不公，怎么不让自己多点钱呢？不是生活或者上帝对你不公，而是你自己没有意识到，其实你最大的财富就是你自己，因为不管是你拥有的智慧、经济头脑或者说是运气什么的，都是可以为你创造巨大财富的，金钱什么的，都是可以靠着你自己的努力而获得的。

第一节　要培养创新型人才

21世纪是以创意性、个性为基础,以知识与信息左右国家竞争力的时代。即较之劳力、资本的投入,更为重要的是知识将成为经济发展的核心动力,所谓"知识基础经济(Knowledge-based Economy)"将来临。这样的社会追求多样化、个性化、高级化的消费,为了满足这样的需求,将以往品种少、产量大的生产结构转换为品种多、产量少的生产体系。

但在以往我们忽视了努力适应时代的变化。由于注入式为主教育较之创意性人才更多的是培养出适应

> **【走近韩国】**
>
> 　韩国各地区之间温差较大,平均温度为6℃~16℃。在全年最热的8月份,平均温度为19℃~27℃。而在全年最冷的1月份,平均温度则在零下8℃~7℃。

型人才,信息化也停留在初级阶段,科技投资虽然也实施于各个产业,但统筹计划下的有效投资不足,造成科技水准未能显现出明显的、划时代的变化。其结果是阻碍了低效益企业转向高额利润产业,同样也是引起当前经济危机的重要原因之一。所以国民政府将通过产业的知识集约化、结构先进化,为建成以信息与尖端技术为核心的、以知识为基础的产业国家而努力。

为此,第一,以需要者为中心建立教育系统,培养出能够引

【走近韩国】

　　早春时节常常刮风下雨,大风带来亚洲内陆沙漠的"黄沙",俗称沙尘暴,近年来有逐渐增加的趋势。到了4月中旬,天气转暖,韩国农民每年就在这时平整秧田准备种植水稻。夏秋两季多台风,夏季会有梅雨期。

向知识化、信息化社会的具有很高自学能力的创意性人才。对现有人力也将继续实施终生教育制,使他们在不断变化的社会里具有能动性与适应性。

　　第二,为了在全国范围内建立作为新的社会间接资本的信息基础设施,并从国家角度提高个人使用信息的能力,以信息化为基础促进信息通信产业的发展。

　　第三,在提高科技投资的生产效益与基础研究开发能力的同时,建立以需要者为中心的技术开发体制,把韩国建设成为科技强国。

　　第四,为培育未来型尖端技术产业与专业服务产业,通过制定系统性、综合性的战略,努力建成高层次的产业结构。

　　第五,通过果断、有力的援助,将文化、观光产业培育成21世纪国家骨干产业。

　　在知识化、信息化的社会里,把生产知识与信息的主体培养

成具有创意性的未来人才是极为重要的。韩国虽然以优秀的劳动力为基础，创造了令世界瞩目的高增长经济，但由于忽视了建立适合新时代发展需要的教育系统，经济发展受到了限制。

政府为了开发在知识化、信息化社会里最为重要的生产要素——人才资本(Hurman capital)——而果断地改革人才培养过程。

【走近韩国】

　　第二次世界大战后，韩国长期以对美、日外交为主，20世纪70年代初开始推行门户开放政策。1988年卢泰愚政府上台后，大力推行"北方外交"，发展与社会主义国家的关系。其后历届政府均推行积极的外交政策。韩国于1991年9月17日同朝鲜一起加入联合国。

由适应型教育转向以需求为中心的教育

摆脱注入式为主的统一模式的教育，使每个人充分发挥其才能与适应力，转向多样的即智、德、体三位一体的全面发展的教育。另外，从以学校为主、以教育者为中心的教育方式，转向以学生为主，能够反映企业需要的教育体制。

为此，首先通过小学、中学自律教育，注重提高人品、创意性培养学生的自学能力，建立和运营适合新时代的教育体系。阶段性减少不同年级的学生数，实施更易于进入大学的入学考试制度，大幅度减轻学生家长的课外负担，以此明显地改善教育条件。此外，对学生的评价标准及方法实行多样化，搞活学生以服务性等实践活动为主的人生教育，同时为了开放式教育，指定与树立示范学校。

加强大学的竞争力，将大学从大的方面划分为以研究为主和

【走近韩国】

1998年2月，金大中就任总统后，继续致力于巩固与美、日的同盟关系，同时加强与中、俄的友好关系。在对朝政策上，金大中推行"阳光政策"，提出互不使用武力、不搞吸收统一、加强南北交流与合作的"对北三原则"，主张以结束朝鲜半岛冷战结构的"一揽子方案"根本解决朝鲜半岛问题。

以教育为中心的大学，使目的和作用更加明确，建立可以达到国际水准的以研究为主的大学。在医学、法学、经营等领域制定专业大学院制度。与此同时，积极建设优秀的地方大学。通过合并和废除类同、小规模学科及大学间学科交换等结构调整，促进大学的个性化、效率化。并依据对大学的评估，政府将分档援助，实行由外部专业机构对国立大学诊断评估的制度，以加强办学的责任。同时，形成有实力的学生才准予毕业的氛围，打破以校友关系形成的学阀主义。

开发符合产业需要的任职能力

政府为了使在职劳动者能适应以知识、信息为基础的新时代，促进有效的终生能力开发体制。

为此，首先要增加劳动者接受教育与培训的机会，企业与国家都将全力开发必要的人力资源。此外，开发与产业结构相关的前瞻性工种与培训内容，并综合、系统地开发青少年的职业能力。对现有的由劳动者结成的学习组合，在实施大学教育时，政府将积极给予援助。同时，对劳动者的知识、能力等人才资源的评价计量化，开发反映企业资产的"人才资源会计"(Human Resources Account)以诱导企业的教育、培训投资。

与此同时，职业培

训的内容要迅速反映产业现场的技术变
化，以此建立有效率的开发性职业培训体
系。保证民众参与决定职业培训方式，建立
受教育者选择教育机构的培训担保制度，
以此促进培训机构间的竞争。为了让企业
培育所需人力，创造条件设立技术大学，并
办活技术大学。

【走近韩国】
　　近年来基本形成了以韩美同
盟为基轴、加强同美日中俄四大
国外交、积极参与地区与国际事
务的多层次、全方位外交格局。

　　扩大培育产业现场的技术人力，以英国的制度为范本，引进类
别基础职业能力评价认定制度，加强高校阶段的职业教育。大学制
定出各类市场所需的技能教育科目，建立、开发民间可授予技术资
格的体制，并使教育内容与资格证相一致。确立国家技术资格开发
事业标准程序，组织确认国家技术资格获得者的学分、学历，提高国
家技术资格制度的实效。

　　在今天，能有效地生产出知识与信息，并能够运用的能力，是左
右国家竞争力的核心要素。为此，如美国等发达国家实施泛国家层
次的信息化，并为了培育信息通信产业而努力。韩国虽然也不断地
促进信息化，但信息化水准较之发达国家尚落后。截止1997年，韩国
信息化水准在世界上列22位，仅为美国的39%、日本的59%、新加坡

的65%。

国民政府为了在2002年进入世界10位以内的信息发达国家之列，综合、系统地扩大信息通信流通网络，并在加强信息化教育的同时，积极培育作为信息化基础的信息通信产业。

建立信息流通网，提高使用信息的能力

为了让每个人在任何地点、时间都能利用所需要的信息，需建立系统性的信息流通网络，并且应该具有活用的能力。

【走近韩国】

2003年2月，卢武铉总统就任后，强调发展韩美互惠平等关系，促进韩中日东北亚区域合作，同时加强同俄、东盟、欧盟等其他国家和地区组织的关系，积极参与地区和国际事务。

政府当时准备至2010年，建成超高速信息通信网，赶上美国、日本等发达国家的水准，并将超高速主干转送网从80个地区扩大到全国所有市内电话区的144个区域。在建成ATM交换网的同时，引导骨干通信商家建成高速因特网。

此外，促进各类别信息化项目，缩小类别间的差距。

第一，在社会间接资本 (SOS) 领域，奠定国家地理信息体制 (NGIS)基础，并建立流通、使用体制。至1999年联接货物运送信息、统管网、金融网及海外网，统一提供与物流相关的综合物流信息系统，以谋求减少物流费用与强化企业竞争力。

第二，为了促进产业信息化，当时计划于2002年前建成能够综合地、迅速地提供产业活动中必需的劳动、土地、资本等信息的体系。为此，建立产业人才信息流通网与产业生态信息网。为了

促进金融信息化，扩大银行与非银行金融机构间信息的联结。并当时计划于1999年4月制定通过电脑网处理金融机关业务的电子信息交换制度。

【走近韩国】
　　截至2010年11月，与韩国签订自贸协定的国家和地区达45个。

第三，在政府方面从2001年始，落实筹措业务的电脑网络交易，并于2002年扩大到军需物质的筹措。为了减少行政人员与费用，在政府部门间引入电脑传递文件的流通制度，但首先促进各种认可、许可民众需要多的购物及筹措等业务的信息化，提高为公共服务的效率。

第四，在社会方面建立提供优质保健医疗服务的信息体系，并合并医疗、保健等四大社会保险信息系统。另外，为了预防环境污染引起的灾害，计划当时从1999年始，对排出污染物质的企业，设立大气、水质污染自动检测网。

同时，对泄漏个人信息以侵害他人私生活、利用信息不平等、不净信息的流通等随着信息化产生的副作用，加以抑止的同时，顾及着疏远信息的阶层，巩固信息化基础。另外，为了圆满地解决电脑2000年问题(Y2K)，把握公共机关与民营部门的对应现状，建立技术援助体系等。

第五，政府当时计划至2002年将韩国发展成为世界上使用电脑最多、最佳的国家。在这一宏观计划下，果断地向信息化教育投资，提高每个国民使用信息的能力。以国民为对象扩大信息化教育，但要根据教育对象，在教育内容、方法的方面实施有差异的阶段性教育。从1998年至2002年，将对2500余万人实施系统的信息化教育。为此，将扩充各级学校的信息化设备及人力。

将信息通信产业作为经济发展的中枢神经

政府将提高信息通信产业的竞争力，积极地把它培育成为韩国未来的支柱产业。所以，信息通信产业的发展如快马加鞭，在国内总产值(GDP)中所占比重为：1998年占11.5%，当时至2002年将提高到约14%，期待于2002年创出约44万名新的工作岗位。

为此，首先着力加强信息通信产业的技术开发力，国家级重大基础技术，将由政府出资，投资风险大的技术将由国家与民间共同开发。为了确保核心技术的开发，扩大对大学、科研机构的投资，对有创意性构思与具有优秀科技力的中小风险企业，也

【走近韩国】

中韩于1992年8月24日建立大使级外交关系。韩国政府坚持一个中国政策，建交后两国各方面关系发展迅速。两国建立战略合作伙伴关系，双边关系不断向前发展。双方在政治、经贸、人文等领域的交流合作不断扩大，在国际和地区事务中也保持良好的沟通和协调。

将援助技术开发资金。

同时，以参与或退出自由的方式促进市场竞争，并为保护利用者的合理竞争，除了必要的规则外，对其余规则均进行全面的修改。为了建立公正的竞争体制，加强通信委员会的作用。为了援助通信事业的转让、合并(M&A)，将完善主干通信事业之转让、接受、合并的认可制。

此外，努力提高通信产业的投资效率和经营效率。引导骨干通信商之间共同利用设施，通信商与设备制造厂家共同进出海外的同时，对公共部门的大型电脑管理业务合并、运营，并制定出扩大外部委托方案。对邮政事业，促使它向提高生产性与自律方向发展，在中长期内实施民营化。

搞活吸引外资，扩大国际性通信商与国内通信商

的战略性合作。为了便于大学、科研所、信息通信风险企业密集的地域吸引外国尖端企业，提高与外商投资相关的服务。现在外国人所占比例33%的国内通信业，自1999年开始把外商持股份比例扩大到49%，并允许外国人大股东的存在。为扩大与国际性通信商的战略性合作，当时预定于1998年中期修改"电气通信事业法"等相关法令。

【走近韩国】

中韩两国已经提前实现双边贸易额达到2000亿美元的目标。截至2011年10月，双方已经建立了130对友好省市关系，每周有800多个航班穿梭往来。双方友好团体有中韩友好协会、韩中友好协会、韩中文化协会、21世纪韩中交流协会、韩中经营人协会、韩中亲善协会等。

在21世纪，世界各国都在倾力开发科学技术。韩国也为了改变科学技术落后的状况，加大了科技开发的投资。所以，科技投资在世界上占第十七位，科技人员数量占第九位。在量方面有了引人注目的增长，但在技术水准上、在国际全位性学术杂志上发表论文的数量等，即在质方面与发达国家有较大的差距。不仅如此，综合性科技竞争力尚未达到竞争对象的台湾地区及新加坡的水平。

国民政府为把韩国落后的科技水准引向发达国家的层次，在培养创造性研究能力与建立以需求者为中心的科技开发体制的同时，提高研究开发投资的生产性。

确保独立开发技术的能力

现今，企业竞争力的核心在于有无独立研究开发基础与不断开发新产品的能力。

为了确保技术开发能力，政府将加强对基础科技研究的援助，并扩大创造出未来新技术、新产业的具有改革、创造性的研究开发事业。培养创造性研究能力，并为了确保开发未来性技术，继续加强大学研究集团事业。

培养有创意性的高级人才极为重要。要为培养像比尔·

盖茨、孙正义等具有创意性能力的人才及能够去争取诺贝尔奖的优秀科技人才而努力。设立、运作科学英才教育中心,将高级科技人才派往发达国家深造,同时改善大学的教育课程及加强研究能力的培养,不断培养出具有创意性和能够带动技术革新的人才。特别是加强对侨胞及海外优秀科学家的聘用。

与此同时,优待科技人才,让科技人才的子女们为父辈而感到骄傲。为此,政府将提高科技人才的地位,不断改善他们的待遇,继续实施已有的"大韩民国科学技术家奖"、"韩国科学奖、工学奖"、"当月科学者奖"、"IR—52张英实奖",此外,还有如"科学技术培训奖励"等制度。

科技投资以生产效益性为首位

通过强化科学技术的竞争力,提高科技投资的生产效益最为重要。为此,有必要加强科技投资的综合调整功能。在过去,政府的研究开发事业因缺少综合调整,而以部门为单位开展研究,所以出现了重复开发的现象,对援助的科研成果也未做正确的评估。因此,将设立由总统主管的国家科学技术委员会,把对科技的投入置于首位加以再调整,并对科技成果做系统的评价。

同时,为形成以需要者为中心的技术开发而努力。首先在研究课题的策划及选定过程中,让需要者一同参与,由此加强需要者与供给者之间的联系。此外,有效地管理产业、学校、科研机构的研究资源,设立科技中心、地域合作研究中心(RRC)等地域科研机构的同时,对重复性的地域科技研究机构做合理的调整。此外,积极促进开发产业界的共性核心技术,改善贸易逆调,为创造出高附加值,继续促进技术开发事业。

提高承担科技投资的政府捐助研究所

【走近韩国】

除互在对方首都设大使馆外,中国在韩国釜山设有总领馆,在光州设有领事办公室。韩国在中国上海、青岛、广州、沈阳、成都、西安、武汉和香港设有总领馆。

的生产效益性也是必要的。严格评价政府捐助研究所进行的研究事业，将政府捐助研究所储备的技术迅速转让给企业，对捐助研究机构负责人的人选，实行公开选拔制，合理地调整劳务费等，积极落实提高管理效率的全面措施，同时为了鼓励研究人员的积极性，实施奖励制度，并扩大科研领域。

　　韩国在目前较之美国、日本、德国等主要发达国家，在适应21世纪知识、信息化社会之未来型新产业与知识服务产业的发展程度上尚有一定的距离。这与政府在以往看重数量上的经济增长，而忽视了引导高附加值产业结构及企业侧重扩大规模有直接的联系。

　　为此，国民政府将积极发展符合韩国经济的未来型企业，构建经济再腾飞的框架。

让韩国成为21世纪新产业的圣地

　　在新材料、生物、矿产、航空、宇宙等未来性尖端技术产业方面，韩国的技术水平相当薄弱，所以，试图在短期内通过集中投资期待改善是十分困难的。但是在考虑到这些产业在将来所占的比重以及对其他产业所波及的效应，持续、集中的援助无疑是必要的。

【走近韩国】

　　韩国参加汉语水平考试的人数占全球考生人数一半以上。2008年12月,中国人民银行和韩国银行宣布签署一个规模为1800亿元人民币/38万亿韩元的双边货币互换协议。2009年11月,中韩两国共同开通经贸合作网站。2010年中韩贸易额达到2072亿美元。

　　为此,当时政府将于1998年中期选定前景可观的新产业,制订出发展前景与培育方案,同时将工业发展法全面改编成"产业机构高度化促进法"等。通过完善相关法规,有效地援助有发展前途的新型产业。此外,为了扩大尖端、知识产业的生存条件,按照产业完善基本计划,修改与建立工厂相关的法令。为了企业、学校、研究机构的共同研究,援助建立研究基地等技术设施,并制订出大学、研究所等基础研究与企业应用研究有机结合的方案。

　　在制定培育战略的过程中,把握与发达国家的技术差距、产业间的特性,通过细分产业,使援助内容具体化。如,制订航空宇宙产业的基本计划,在援助开发航空器、零部件、材料的同时,积极开发多功能实用卫星。再如,新材料产业,促进开发制造特级半导体时实用的跨时代高分子材料与煤炭系统融解还原制铁技术。此外,在生物产业方面设立生物产业技术实用化中心与生物产业共同研究援助中心,并积极促进生物产业的技术开发。

世界一流水准专业服务

　　信息服务、工程技术、产业方案、研究开发、咨询等专业服务产业是韩国与发达国家在竞争力上有明显差距的领域。但因为专业服务产业不仅协助制造业的发展与创造出众多的劳动岗位,而且自身也将成为高附加值的先进企业。

　　所以,政府为了缩小与发达

国家在知识、技术上的差距,将继续援助专业服务产业的发展。同时,吸引外国先进企业进入韩国,尤其是吸引外国专业人才,这对国内企业吸收先进经营技法及各类知识有益。为了达到这样的目的,为了让这些人能自由地进入韩国,将改善相关制度与环境。

此外,为了保护知识产权,将完善著作权法等。对特许审查、裁判处理的时间缩短至发达国家水平。

第二节 将文化、观光产业作为21世纪国家战略性产业

随着信息通信技术的飞速发展，其影响已扩大到包括文化、观光产业在内的所有领域，并日趋深化。文化、观光产业作为典型的可增长产业而打好根基。从CD、公演、电影、出版等传统领域，又扩展到录像、动画、电子游戏等。在内容方面，因与尖端技术相结合，所以有了质的变化。

但韩国在培育文化、观光产业方面仍不足。其原因之一是：把文化、观光产业视为消费享乐的产业。国民政府将把文化、观光产业培

育成过去重工业和化学工业似的国家支柱产业。

奠定21世纪文化、观光产业发展基础

21世纪是根据优秀文化创造者的多寡而决定国家竞争力强弱的文化时代。这样的世界潮流已经来临，例如：美国导演斯蒂夫·斯皮博格通过建电影公园获利8.5亿美元，其效益与出口150万辆汽车相当。所以，文化产业具有如此的"爆发"性。

【走近韩国】
　　2011年，中韩双边贸易总额为2456亿美元，同比增长18.6%。韩国是中国的第四大外资来源地，累计对华投资超过500亿美元。

文化将起重大作用的21世纪，对韩国国民而言机不可失，因为，韩民族在近5000年的历史岁月里，没有被周边国家文化所同化，而一如既往地坚守着传统文化，是令世人刮目相看的文化民族。

所以，政府为了将文化产业培养成21世纪国家战略性产业，必须促进全方位对策。首先，政府将扩大振兴文化的投资，为此，进一步扩大已有的电影振兴基金及出版振兴基金，同时，探寻新的财源与摸索援助方案。此外，通过设立综合影像援助中心、出版文化信息产业基地、影像风险集团及娱乐综合援助中心等，为培养文化产业积极促进基础设施建设。

为了发展创意集约性产业——文化产业，应该培养出具有创意性的专业人才。为此，政府将新建电影学术院、动画学术院等，以此希望培养出电影、动画、广播、娱乐等方面的创意性人才。

特别是将已有的电影、音乐、动画等音响产业与电脑产业相结合，继而产生的娱乐产业为典型的21世纪型产业。政府为使娱乐产业的企划、制作、流通等所有过程，具备在世界市场上

的竞争力,从多方面全力以赴。

与此同时,改善出版、CD、录像、电脑游戏等各方面文化产业的流通渠道。当然如现在,由非法盗版而流通于市场的30%的CD、50%的光盘均为侵权行为。版权如此得不到保护,文化产业的发展将会步履艰难。所以,政府将建立控制网,并导入录像带共同物流系统、CD条形码(bar code)及POS系统等,在实现流通现代化的同时,抑制和排除非法盗版物的流通。

【走近韩国】

从建交初至2012年,中韩双边贸易额激增40多倍,达到2400多亿美元,中国已超过日、美,成为韩国第一大贸易伙伴、最大出口市场和进口来源国,韩国已是中国第三大贸易伙伴国和第二大进口国。同时,截至2010年年底,韩国对华实际投资累计473亿美元。

此外,创造自由的创作环境也很重要。为此,进一步改善与电影制作、音响制作相关的规则,为了巩固广播电视编制程序制作基础,扩大广播公司与外商合作制作的比例,并完善电影振兴法及与CD、录像带等相关法律,并制定出文化产业振兴基本法。

观光产业的未来

可创造出高附加价值与安置众多雇员的"无烟"观光产业,将与文化及信息通信产业共同成为主导21世纪的代表性增长产业。国际观光产业以年平均4%的速度在增长,至2020年国际观光客将比1995年增加2.6倍,由此将成为21世纪的最大产业。所以世界各国展望未来,倾力帮助观光产业的发展。

韩国政府也将观光产业作为经济增长的重要组成部分,并援助它成为高附加价值产业。所以,于1996年末计划将4.5%观光产业雇员比率,提高到与发达国家比肩的10%。

为此,政府将首先加强吸引外国观光客,并已经看好将来成为世界超级观光市场的中国,让中国团体观光团免签证到济州岛旅游。此外,在ASEM会议期间,中韩正常会谈时,金大中总统向中国朱镕基总理提出了把韩国作为中国人自由旅游地的请求,中国政府给予了满意的答复。通过如此的推销外交,现在年均约有20万名中国人出入境量,将会增长到50~100万人次。

此外,政府将努力吸引各种国际会议。国际会议产业在全世界观光业中占15%,参加会议者人均支出要高于普通观光客的3倍,可获得高额外汇。但在过去,由于韩国没有专门的国际会议中心,所以,只好把宾馆、剧场、展览馆作为国际会议场地。为了加强专门的国际会议设施,政府将加强政策性帮助。此外,政府将着力帮助国际会议产业从业人员的培养,奠定国际会议产业可增长的基础,同时,让市、道等地方政府成功地举办各种国际会议。

此外,使文化与观光相结合,积极开发观光商品。韩国具有卓越的文化遗产和优美的传统艺术,但在过去忽视了将丰富的传统文化转换为观光商品。21世纪应该使文化与观光相结合,并发挥最大的作用。为此,政府通过指定历史遗址与文化观光点,以促进文化观光区域的发展。为了将分散在全国的历史、文化遗产开发成文

化观光产品,促进文化遗产、博物馆、剧场、寺刹等的观光资源化,并把地域民俗活动作为观光资源加以指定、培育。此外,促进多样的观光土特产品开发、推销等。

【走近韩国】

韩美于1949年1月建交。1953年10月韩美签署相互防御条约,确立军事同盟关系。目前美国在韩约有2.85万驻军,掌握韩军战时指挥权,对韩国负有安全防卫义务。

把三面环海的地理优势开发为观光资源。东海岸与南海岸有秀丽的海岸线,岛屿众多,奇岩绝壁,为浅海之宝库。为了开发东海岸与南海岸,计划将此两地发展成为国际性的海上公园。

韩国的中小企业于1996年在制造业中占企业总数的99.1%,从业人员数占69.2%,在国民经济中占很大的比重。但作为国民经济基础的中小企业,未能从资金、人力、销售等困境中摆脱出来。特别是IMF后,借贷资金更加困难,造成了生产萎缩、工厂开工不足、破产厂家急增等,由此使中小企业危机雪上加霜。

世界上任何国家,只有充分发挥中小企业这"有活力的群体"的作用,才能维持和发展健全的经济结构。正像著名未来学学者艾尔宾·道夫勒所言:"美国的时尚在一年中换6次。"现代消费者的嗜好不仅变化快,而且多样化。加之信息通讯等技术的迅速发展,经济的服务化也随之加快。世界化与地方化是时代潮流,竞争单位正由国家渐次转向地方。在随之变化的环境中,具有灵活性的中小企业较之庞大的如官僚体制的大企业更有竞争力。

国民政府将在来临的21世纪新经济环境中,让中小企业更有效地适应环境,并为中小企业充分发

挥所具有的竞争优势，而积极创造优良的经营环境。为此，在解决中小企业资金、人力、销售困难的同时，积极支持中小企业的结构高度化。此外，为了让地方产业更加活跃，并创造出更多的就业机会，而培育地域密集性中小

【走近韩国】

将于2012年4月将韩军战时指挥权交还给韩方。2007年6月，韩美签订自由贸易协定。

企业。为了迎接未来，以知识为基础的经济时代，采取努力培养技术、知识集约型中小企业，尤其是风险企业的方针。

国民政府为了使中小企业克服资金、人才、销售难而努力。

第一，解决中小企业所面临的最大问题是资金难。中小企业资金难，在过去是由于采取了以大企业为中心，并优先发展的政策所致。但更为重要的是因中小企业结构特性——经营规模零散、信誉度不高——所引起的。历届政府人为地控制利息，并根据信用分担制分配资金，由此导致了资金不足和超出所需的现象。在此过程中，对中小企业的特性视而不见，中小企业的负债比率，不仅高出大企业，而且很难从金融机构得到贷款。所以，只能依靠私债市场而生存。

国民政府将通过真正的利息自由化，为金融机构顺利地给中小企业提供贷款而创造条件。这样，虽然使中小企业的金融费用负担有所加重，但能扩大资金的可用性。

让中小企业按

【走近韩国】

2008年4月,李明博总统访美,双方宣布建立面向21世纪的韩美战略同盟关系。美国是韩国第二大贸易伙伴。韩美于2007年6月30日正式签署自由贸易协定,2012年3月15日正式生效。该协定自生效之日起,美国将立即免除韩国8628种(82.1%)产品的关税,韩国则将立即免除美国9061种(80.5%)产品的进口关税。

照市场供求原则得到资金的同时,完善中小企业的结构。对信用保证机关,政府将扩大捐助,搞活地域信用保证组合,提高信用保证作用。此外,帮助中小企业顺利地发行商业证券的同时,为了防止中小企业的接连破产,将扩充证券保证基金。为了改变滥发证券与支付期限的长期化使中小企业遇到困难,也将制订证券制度的改善方案。

第二,解决中小企业的人力资源困难。韩国中小企业普遍存在着需要的人才不足和改行率高的现象。政府为了扩大输送技术人才,向实业界、理工界输送人力作为长期的目标,并实施相应的教育政策。还制订了将人文类高中转向实业类高中的方案。此外,为了保证女性劳动力参与商业活动,扩大计时制雇员,扩充托儿所等保育设施。

第三,改善中小企业销售难。政府与国营机构扩大收购中小企业的制品,并计划建立负责协助中小企业销售的综合流通中心。同时,计划为由内销转向出口的中小企业,组织出口向导及组织出口援助团,为出口商品的企业寻找海外市场。此外,为了给中小企业的优质产品做广告,在因特网中小企业栏目中增加出口厂家,并为援助中小企业开拓海外市场,谋求确保份额与扩大贸易基础设施。

第三节　培育有竞争力的中小企业

现在,韩国经济正处在全面调整结构的过程中,中小企业也不例外。中小企业也要提高财务结构的健全性,为最大限度地发挥固有优势进行经营革新。此外,从竞争力薄弱的低附加价值劳力集约型产业转向高附加价值技术集约型产业,在相同产业中追求高质量化。

政府为了促进中小企业结构先进化,继续改善结构,即为了将中小企业培养成经济发展的主力,通过发行债券、组织财源。在当时看来今后5年内(1998年至2002年)将帮助2.5万

【走近韩国】

2010年10月,韩美建立双边军事机制。自1975年以来,韩美两国每年举行"乙支焦点透镜"联合军演。从2008年开始,联合军演改名为"乙支自由卫士"。2012年2月28日,韩美"关键决心"和"秃鹫"年度例行联合军演在韩国举行。

多个中小企业的生产与经营革新。此外,为中小企业结构先进化而设计中长期政策方向及工种、部门之别的推进方案,并为此制定中小企业结构的改善计划。

为了提高中小企业技术力量,继续促进落实援助策略。韩国中小企业的整体技术水平,仅达到发达国家的45%～50%程度,具有独立开发能力的中小企业不到整体的2%。中小企业的销售额与研究开发的投资比率,只占大企业的1/10。

政府为了加强中小企业技术力量,将把当时看来今后5年定为

受历史因素影响,韩国同日本1965才正式建立外交关系。目前两国在各个领域有着广泛的交流与合作,但历史等问题仍是困扰两国关系的因素。

"提高中小企业技术力战略时期",并通过制定促进、加强中小企业技术力量的中长远计划,让中小企业技术力量尽快赶上发达国家水平。此外,通过对中小企业薄弱技术的调查,资助开发资金、技术指导及评价技术等,分阶段地进行一贯性、系统性的技术援助,同时也加强企业与学校、研究机构的技术合作。

以国际化为基础的地方化时代,以地方为中心所进行的经济活性化,将成为国家经济发展的原动力。如果说,到现在为止是大型项目、大规模投资主导了经济的发展,今后则是符合地域特性的中小企业将成为持续发展、雇佣劳力的主体。

国民政府为了真正落实地方自治,中央政府仅制定中小企业政策的基本方向,符合地方特点的细节性援助方案则由地方政府自己制定并实行。

首先不为困难的经济条件所束缚,而为了各地域的均衡开发,将扩充由中央政府与地方政府共同援助的"地方中小企业培育基金"。

此外,至2000年,对地方中小企业提供系统、综合的援助,并建立中小企业援助机构,大企业、研究所、大学等之间的有机协助体制。对相应地域的中小企业提供经营信息,在全国16个市、道地区设立面向中小企业的

综合技术援助中心,并发挥目前设立在地方中小企业中的金融援助协议会与地域协作技术援助中心等的团体作用。

与此同时,使地方政府促进地域特殊产业的战略产业化。各市、道地区选定2~3个有地方特色的产业项目,这样可在当时看来今后5年内,培育出40个有地方特色的产业。特别是引导建立在搞活地方地域特殊产业中将起主导作用的特色产业组合,并对新产品的开发等共同事业费用给予支助。

世界众多国家为了迎接21世纪,早已把结构改革的突破口瞄准了具有活力的风险企业的产生和发展上,由此实现了高附加价值产业为中心的产业结构转换与大量提供雇佣机会。美国以具有创意性的风险企业活力为基础,又恢复了落后于日本的产业竞争力,雇佣率持续增长,由此出现了第二次世界大战以来最低失业率,对我们深有启示。

国民政府将促进产业向技术、知识集约型产业结构转换,并为解决韩国目前经济发展中最大的雇佣难题,在当时看来今后5年内培育2万个风险企业。

为此,首先应顺利地解决风险企业面临的最大难题,即风险资金的借贷。因为风险企业具有高风险与高收益相伴的特性,所以,很难从一般的金融机构筹措到资金。为此,将专门援助风险企业的创业投资会社大型化,并扩大其业务范围。同时也鼓励个人对风险企业的投资,制定搞活风险企业直接金融的"场外市场"发展方案。

为了培育风险企业,政府将重点创造风险企业经营者们能够自由经营的条件。为了让年轻

【走近韩国】

　　首尔的地下铁路系统排名世界第八位，每日客运量达440万人次，拥有7条地下铁路系统线路，全长近250公里，担负了全市客运量的35%以上。

有为的技术人才能够参与风险企业的创设与企业活动，对现行的"兵役特例专业研究要员制度"加以改善。此外，计划吸收在搞活美国风险企业中起过重要作用的"股份自选制度"。同时，对人力作为资产加以评价、认可，并为了让风险企业积极发展新技术，搞活技术担保制度。

今后，将把创业讲座作为风险企业的主要专业课程，将现在只有44个以大学、研究所为中心的创业普教中心，大幅扩散到全国主要城市，设立风险中心，为风险企业提供服务。

以往采用了以大企业为中心的战略，所以，即使大企业在交易中进行不公正的交易，中小企业因名分而只能忍气吞声。但从今后发展趋势看，随着市场经济的稳定，大企业不公正的交易也将收敛，而有能力的中小企业将会获得更多的发展机遇。

政府将随着经济条件的变化，逐渐加以改善调整阻碍中小企业的竞争形成的"固有工种制度"、"团体随意契约制度"等相关制度，为韩国中小企业的健康发展创造良好的条件。

经济并非仅靠竞争才得以发展或维持效率。因为，企业间的协作也同样是提高竞争力的有力手段。特别是在21世纪的经济环境中，为了维持韩国产业的竞争力，大企业和中小企业的均衡发展及协作是非常必要的。因此，政府将合理地改善中小企业与大企业的分工结构，促进两方面成为伙伴似的协作关系。大企业与中小企业间要维持和谐的关系，必须维持公共交易秩序，特别是中小企业从大企业往来款结算时，为防止大企业的不公正行为，政府将强化公正交易委员会的作用。

第四节　社会间接资本是增强国家
竞争力的基石

社会间接资本(SOC)与土地是生产活动中不可缺的生产要素。特别是资本、技术、人才在国际间可以自由移动的21世纪，国家竞争力是由国际间不可移动的社会间接资本与如何及时有效地供给土地而决定的。

但是，韩国在20世纪80年代中期忽视了对SOC的投资，所以，随着SOC设施的供应不足，带来了严重的交通混乱与物流费上涨的结果。1996年中期，国家的物流费为64兆元，约占GDP的16.3%，如此的物流费，比发达国家(美国占10.5%)更高，是丧失国际竞争力的原因之一。韩国在SOC方面的投资不仅在量上，而且在有效性方面存在着诸多问题。如分散投资或重复投资引起的资源浪费、无效益性项目的选择等。

另外，在土地政策方面，由于只考虑国土自然面积狭小，所以，较之扩大土地供给更侧重于总需要的管理。结果是在土地供给不充足的情况下，继续强化了使用土地

【走近韩国】

到1996年，韩国铁路系统共有61条铁路，总运行长度约为3120公里。铁路在城市间的客、货运中起着举足轻重的作用。在铁道上运行的有4159节客车车厢，13395节货车车厢。列车中包括在首尔与港口城市之间运行的新农村号超高速列车，该列车由首尔到釜山约运行4小时。

的规章,使得用地不足现象加重。尤其是首都圈等城市扩大所需的宅地、工厂用地等,未能及时供给,土地供需不均现象在持续。20世纪60年代以后,周期性地发生了地价的波动。高土地价格引起了国民居住生活的不安,也是降低企业竞争力的决定性因素。为了打破社会间接资本设施的不足,与地价膨胀带来的高费用、低效率的经济结构,应扩充社会间接资本设施,采取土地供给顺畅之策。

为此,国民政府立足于中长期国家发展计划,继续扩充公路、铁路、航空等社会间接资本设施,加大力度改善物流的标准化、统一化等物流体制。此外,进一步修改利用土地的有关规章,在土地市场中导入竞争的市场原理,为使低价优质的土地能灵活地进行交易而建立相关的土地供给体系。

建设坚固、便利、高速的交通网

韩国的公路、铁路作为国家主干交通设施,承担总运输量的90%以上。但在全部公路中按一定的比例,人均仅占有1.8米长的路段,是日本的1/5,美国的1/13。铁路总长度是日本的3/20,英国的1/5。与发达国家一个世纪以前社会间接资本设施投资相比,韩国自从上

一代人开始,交通设施绝对不足。国民政府认为,为了节减物流费,加强国家竞争力,必须增强社会间接资本设施,并制定长期国家交通网计划,有序地扩充公路、铁路、航空建设。

【走近韩国】

　　为了保证交通安全和提高效率,韩国国家铁道厅(KNR)采用中央交通控制系统(CTC)管理首尔周围的6条线路以及京釜、中央和太白等干线的共857公里的铁路线段。所有这些线路都装配有防止列车相撞的自动停车系统。

　　首先是公路方面,计划2020年建成南北7条、东西9条相互交叉的国家干线网,高速公路至2002年扩建到现在的1.5倍,4号国道要比现在延长40%,同时通过系统的科学管理,最大限度地提高现有公路的效率。

　　其次是铁路,形成连接大城市圈的广域电车网,为迎接统一计划建设韩国与大陆联接的铁路网。京釜高速铁路建设根据经济条件的变化,对建设计划及投资财源、筹措方式等进行了缜密的考察后,于1998年7月推出了建设方案,当时看来计划于2004年建成投入使用汉城至釜山的高速铁路。此外,在当时看来未来的5年内,将复线铁路较现在延长39%,当时看来电气化铁路延长120%,地铁至21302年,较现在的262公里,延长到499公里。

　　再次是航空,将仁川国际机场开发成东北亚的中枢机场(HUB),把韩国建成东北亚航空中心。1992年开工的仁川国际机场,当时看来计划2000年末建成一期工程,占地

355万坪,两条跑道,年均接送旅客2700万人次。二期工程将根据航运需要及考察财源吞吐条件后灵活实施。最终工程结束后,仁川国际机场将占地1700万坪,4条跑道,年均接送旅客可达1亿人次,成为名副其实的达到国际水准的空港。国内航线根据需要,至2002年在江原道襄阳、全罗南道武安、庆尚北道蔚珍等地新建机场,并扩建现有的金海、丽水等5个机场。

系统的水资源开发

随着经济的发展,用水量持续在增长,但水资源的供给却未能得到及时扩充,当时看来预计至2000年初,可能引起全国性的用水不足,所以,水资源的开发迫在眉睫。

国民政府为了稳定用水供给,将建设中型多功能水库,并扩大广域上下水道与工业用水道。当时看来至2002年再建5个水库 (18亿吨／年),在全部管道输水供应量中,由占中央政府供给量的广域用水比率至2002年从33%扩大到52%。

> 【走近韩国】
>
> 高速公路连接着首尔和各道的城镇,使人们在一天之内便可从首尔到全国任何地方来回一趟。首尔—仁川线(24公里)于1968年建成,是韩国第一条现代化高速公路。首尔—釜山线(428公里)于1970年完工,标志着韩国为扩大现代化运输网络所做的努力大大地向前跨进了一步。

韩国人均日用水量达到较之日本的392立升、德国的233立升更多的409立升。政府将阶段性地提高水费,以引导节水。此外,为了顺利地供应岛屿海岸地域的用水,将扩大海水淡化处理、地下水开采等补助性水资源开发。

对急需事业优先投资

政府为了促进对社会间接资本设施的有效投资,以透彻的经济分析为基础去制订投资计划。首先为了把握长远交通所需的合理投资规模,实施全国性的定期交通调查,以此为基础制订社会间接资本投资的综合计划。

此外，根据经济建设需要，以合理且经济地评价为基础，安排项目顺序。为了大幅度改善优先投资交通设施等中长期投资项目，制定交通体系效率法。

此外，按地域、按部门选定效益高、影响大的重点项目，集中财源投资。特别对公路、铁路、港湾、物流基地等可加强交通设施间相互联接的项目，使之优先进入预算，有效地提高投资项目的效率。

迄今，主要由政府促进了社会间接资本设施建设，计划积极引入民营资本与外资。为此，通过分析1995年以来运营的民营资本制度中的问题，制订积极引进民营、外国资本，以提高经营效益的综合方案。

韩国的物流总量随着经济规模的扩大，从1985年开始约10年间增长了4倍。随着东北亚经济圈的迅速发展，周边国家为确保物流而展开了激烈的竞争。但韩国的物流设备、运输事业、信息体系等物流

> **【走近韩国】**
>
> 1980年至1998年，韩国登记的汽车已由52.77万辆增至1050万辆，增长了近19.8倍。这一急剧的增长归因于人民的收入和生活水平的不断提高，郊区民居扩大，以及本国汽车制造业的发展。

【走近韩国】

　　1980年至1998年,轿车拥有量由24.9万辆增加至758万辆,增加了30.4倍。这一数字表明平均年增加率为18.1%。韩国的汽车中,轿车占73%,卡车占20%,此外公共汽车占7%。

结构非常薄弱。如前所述,1996年中期,国家物流费为64兆元,接近了GDP的16.3%,物流条件日趋恶化。由于财源条件,试图在短期内对公路、铁路等社会间接资本设施加以扩充确有较大的困难,所以,为了节减物流费,需要制订促进有效利用现有社会间接资本设施的方案。

　　为此,政府将逐渐扩大现有运输占有量较低的铁路和海运功能,逐渐提高效率,承担适当的运输量。特别是认识到韩国三面环海的地理条件后,搞活适合运输集装箱、油类、水泥等大批量货物的内航海运业,以克服陆地交通手段的局限。

　　为了有效利用现有设施,建立综合物流信息网,促进物流的标准化、通用化、信息化等是当务之急。为此,政府将尽快建成能够及时提供货船、空车信息及道路条件、交通状况等的综合物流信息网。

　　今后,政府将在生产地与消费地附近扩建运输、传递、保管、装卸、包装等一条龙物质流通集散设施。为了改善流通结构与节省物流费用,至2001年在全国开发28个集散地,即850万坪的流通基地。此外,至2006年在首都圈、釜山圈、中部圈、岭南圈、湖南圈等地建成5所能够兼顾复合物质运输枢纽与内陆集装箱基地(ICD)的内陆货物基地。同时,以综合物流信息网联接全国物流设施,为更有效地利用公路、铁路、港湾而打下坚实的基础。

　　尽快引入智能型交通体系(ITS),高效利用公路也是应尽快解决的课题。所谓智能型交通体系,即将现在的公路、车辆、信号系统等交通体系的构成要素与电子、通信、控制等尖端技术相结合,高效利用交通设施的跨时代交通体系。欧洲、美国、日本等发达国家,已于20世纪70年代中期开始开发,80年代后期将完善交通体系作为国策加以促进。韩国则从90年代初开始关注,1997年以后从国家层次上开始了实质性的开发。政府当时看来计划至2001年在交通管理、交通信息、大众交通、货物运输、车辆及道路等五个方面促进建立尖端系统。

为了改善大城市的交通状况,必须减少治理交通混杂的费用,确立地铁、公共汽车等大众交通体系。由于地铁、公共汽车等大众交通工具设施不足、服务不周,使家用汽车数量增多,由此加重了交通困难。为此,政府将制订抑制或分散家用汽车的交通对策。此外,对交通设施的投资,从以地铁为中心转移到公共汽车发送站等大众交通设施方面。

第五节　搞活土地开发政策

大幅度减少土地使用规章

韩国根据国土管理法、首都圈规划法、城市规划法等法令,将国土区分为各种用途的地域、地区、区域等,使得利用土地受到了局限。在70多份法律中,有160多项重叠指定了地域、地区、区域等用途,所以,土地的利用及开发遇到了重重困难。民间部门要依据这些法律规定,在得到认可的情况下进行大规模的开发难于上青天。例如,京畿道南阳周市,依据首都圈规划法被束缚于自然保存法区域,依据其他法律又被指定为日常水源保护区域、水质保存特别对策地域、限制开发区域、农林地域、自然绿地地域等,所以,开发本身已不可能。即使有可能开发,也要在与相关部门交涉过程中,耗很多时间,如此受限制的情况比比皆是。

【走近韩国】

在首尔,往返于机场的班车和市内的公共汽车的站点设置都很便于搭乘。

国民政府将全面地对土地利用规章进行简化与改善,对制约利用土地的相关法律进行综合分析,把目的与约束手段相似的地域、地区、区域相合并,并大幅整理相重叠的法令。此外,对整理过的土地赋予个别固有番号(coding system),使土地利用制度更加透明。为了抑制不必要利用地域、地区的存在及新设,必须实施指定地域的事先审查制,同时,将引入超过一定期限时土地用途被自动取消的制度。

与此同时,将中央政府统筹的用地相关政策,转向符合地方化时代的范式。由地方政府根据居民们的要求制订土地利用计划,并为使必要的规章得以实施,将土地利用计划及实用土地的权限大幅移交给地方政府。中央政府较之直接的土地利用规划则侧重于制定国家范围土地管理及与土地利用相关的方针,对必须保护、保存的地域加以限定与管理。

土地开发方式的多样化与民间参与的活性化

根据现在尚在实行的宅地开发促进法以及与产业用地、开发相关的法律、法令等,开发土地时,所有土地均可出售。其结果是承担项目者的前期资金负担过重,而且所要开发的土地与各种法规关系不够明确时,土地开发将遇到更大的难关。所以,政府为了缓和购买土地所需资金的负担与土地所有者间的抵触,将通过混合使用购售方式和还地方式等,使开发土地方式多样化。

此外,计划将土地开发制度改善成为民营部门,可以参与宅地开发项目。迄今为止,为了防止开发中利润的私有化,均由公共部门独占宅地开发项目。其结果是宅地等土地供给失去了灵活性,民间资本与创意性没有得到很好的发挥,所以,政府决定根据市场需求有弹性地供给土地,并为了引入多种土地开发方式,将把土地开发者扩大为公共、民营业者、第三部门(民官合

【走近韩国】

目前,韩国的城市面临着交通拥挤和停车场地不足的问题。为了解决这一问题,韩国政府采取了措施提高公共汽车运输服务,划分出了公共汽车专行道,并为乘客方便采用了智能卡收费系统等。

同法人)等。

将土地开发项目承担者扩大到私人的同时,公共机关则通过加强土地储存功能,起到稳定供给土地的作用。希望韩国亦如外国,预先廉价购置土地,必要时再进行开发,由此大幅降低使用土地费。

另外,引入多种形态的土地开发金融制度,促进土地的有效利用。例如:使特定不动产中的佃当券或被担保债券等有价证券在资本市场上出售,以此筹措财源的土地资产证券化方案。此外,制定以不动产投资为目的,由银行组织资金,购入、开发、运营不动产,由此产生的利润或损失由投资者平均分担的会社型不动产投资信托(REIT)制度。

韩国的土地面积为99670平方公里,其中山地占66%、耕地占22%,住宅、工厂、公路等基础设施与公共设施等所用城市用地面积不到全国总面积的5%。1994年改编了国土利用体制,将可开发利用的土地由国土的15.6%扩大到42%,但城市用地从4.3%增至5%。将来住宅、工厂等城市土地需求还会增长,所以,应解决土地供需不均,为依照市场原理供给必要的土地,应更好地利用原来的限制开发区域(greenbelt)与准农林地。

改善限制开发区域的制度

首先将限制开发区域的制度依照变化的经济条件加以改善。1971年7月将汉城外廓地域首次指定为限制开发区域之后,至现在,扩大到全国14个区域,全部面积为5397.1平方公里,占全国国土面积的5.4%。在这些限制开发区域内居住着有全国人口的2.2%的28.2万户居民和96.5万人。

限制开发区域制度起到了防止城市无序扩张及确保绿地的作

用。但同时又出现了由不合理的制度与固定的规章造成居民财产权受侵害，继而引发持续的民怨。

所以，通过对限制开发区域的全面调查与环境评价，区分和指定必要区域与可解除指定区域，由此建立限制开发区域。此外，将"面积为主的管理"转向"高密度管理"，全部改善对限制开发区域内利用或限用土地合理化。为此，政府将计划制定最大限度地反映有关专家、利害当事者、环境保护者等意见的合理性改善方案。

【走近韩国】

为了有效地管理客车交通，首尔采取了各种不同要求的运输管理办法，例如在通向中央商条区的南山隧道口收取交通拥塞费。但职工如依照运输管理办法的要求实行汽车合乘则费用减半。

有计划和合理地活用准农林地域

1994年，以开发与保存为目的划定的准农林地域占国土面积的27%，对城市用地产生过重大作用。但与此同时，在公路、上下水道等基础设施及学校等公共设施尚未很好地建设的情况下，高层公寓剧增，饮食、旅馆等大量夹于其中，由此带来了诸多副作用。

为此，政府将有序地开发需求最多的准农林地域，并改善准农林地域制度，提高土地利用率。首先调查准农林地域土地利用情况，并综合参考地域开发条件、土地的生产性等，计划重新调整用于不同用途的地域。此外，采取与自然和谐的开发方式，积极促进提高山地使用率方案。

第六节 财富达人的理财之道

财富故事秀

小张从事广告策划工作,是理财实践上的佼佼者。她认为环境对于人的影响极大,通过身边朋友的理财故事以及报纸、杂志上"你不理财,财不理你"的理财之道,小张明白所谓理财,就是通过各种手段、利用各种资源和渠道来增加自己的财富。

当初在股票牛市最火热的时候,小张和绝大多数的股民一样有着好的盈利收益,然而,她却太过贪心,朋友的劝说她也从未理会,致使被完全套牢。对于这样的结果,小张很心疼,也算是一次惨痛的代价。后来淘宝网红火,引出了小张多年前的梦想——创业。于是她很快进行注册、开网店,并从义乌进了一些首饰,一边工作一边与客户沟通、发货,赚了一点钱之后,又觉得太耽误工作,也就慢慢地放弃了。

通过这几次的波折,小张逐渐明白了理财失败的原因,那就是没有明确的理财目标,执行力不强。小张认为,投资最好的选择是股票型

【理财密码】

有些80后的年轻人理财观念和理财意识不强,仅仅是把钱存在银行里,获得的也仅仅是有限的利息。其实,储蓄若能合理地操作,也可以获得更多的利息。比如选择的是活期存款,若是换成了定活两便的存款,就能获得更多的利息,这些利息远远超过活期储蓄所得收益。

基金,不必考虑市场的涨跌,在 5~6 年的时间内,股市可能会经历一轮至两轮牛熊转换,将钱投入股票型基金有一天会让人看着心动的,然后再把基金赎回来。除了坚持基金定投以外,还可以适当配置一些寿险产品及投资连接险产品。在增加自身保障的同时,也拓宽了投资渠道。

一、没有最好的理财观,只有最适合自己的理财观

80 后想要积累更多的财富、获得更大的收益,就要在保持原有财富的基础上,使它不断地增值,这就需要我们找到适合自己的理财观。从储蓄到投资,要做合理的规划,才能不断地积累财富,并使财富不断地增值。在投资之前,我们必须详细地分析所要投资产品的利弊,进行综合评估,尽量把投资的风险降到最低,使自己的收益最大化。

有些人虽然投资的意识很强烈,但是没有投资的经验,对一些基本的理财产品不太了解。这些人常常会很迷信专业理财师的意见,没有自己的看法。

其实,专业理财师只是对现今的市场进行综合分析后做出购买建议,最终的决定权还是在自己手中。如果投资者不会自己分析,即便是选择了最好的理财产品,也不会给自己带来良好的收益。因此,80 后在投资理财的时候,一定要学会独立地

分析和操作,不能一味地听从别人的建议,一定要抓住时机,选择适合自己的理财观。

二、"月光族"的理财计划

80后的年轻人,对各种各样的消费诱惑没有什么抵抗力。出去唱个歌、买件衣服,就可能要花费几百甚至上千元,别说是到月底了,有的甚至可能连月中都熬不到。归根结底,造成"月光"的最根本原因还是自我意识的问题。如果在明知没有充足资金的情况下,依然潇洒地消费,任谁都会成为一个"月光族"。所以要解决"月光"问题,先要制订

> **【理财密码】**
>
> 存入银行里面的钱虽然不多,但是长此以往,一年也有一笔不小的资金。每月也可以做一份财务明细表,看看是否有超支的情况,这样有利于合理地规划好财务。

自己的理财计划。

1.计划经济

我们应该要把每个月的薪水计划好,该支出和节约的地方也要考虑到。每个月把工资的1/3存入银行里面,最好办理零存整取的储蓄业务。

2.尝试投资

80后在消费的时候需要养成良好的投资意识,合理的投资会使财富增值。我们可以根据个人的实际情况,合理地进行投资。这样可以使资金分散开去,有利于克制乱花钱的不良习惯。当然,在最初开始投资的时候,由于经验不足,还是以小额投资为主比较好,这样可以降低投资风险。

3.择友而交

80后的消费在很大程度上是受到了交际圈的影响,因此,平时应该多交一些不乱花钱、有良好消费习惯的朋友,尽量不要只交追逐名牌商品、好面子的朋友。不根据自身的消费情况,盲目攀比,最终只能导致成为"月光族"。80后应该根据自己的消费情况,进行合

理的规划。

4.自我克制

80后的人大多喜欢出去逛街购物，而在逛街的时候又难以控制自己的欲望。其实，在每次购物之前，就应该想好想要购买的商品和大致的花费情况，带的现金不要过多，也不要随意地刷卡消费。不要盲目购物，买一些不实用的东西，造成物品闲置的情况。

> **【理财密码】**
>
> 我们在购物的时候，要学会货比三家，用最低的价钱买到称心如意的所需商品。这是一种良好的消费习惯，商家换季打折的时候也是最佳的购物时机，但值得注意的是，要选择适合自己的商品，切不可只图便宜而买一些没有用的东西。

三、适合"上班族"的理财法则

绝大多数的80后上班族是工薪阶层，每个月把固定的薪水分配在买房、买车、成家、育儿、养老上面，是非常辛苦的，那么该如何理财呢？其实，最关键的就是合理地计划、分配资金，逐步累积资金。

1.准备3～6个月的急用金

把每月生活中所需费用的3～6倍的金额作为意外或者突发情况的应急资金。一旦失业，在你没有收入的那段时间，必须要有一定的应急资金用来保障生活，否则将难以维持生活。

2.减少负债，提升净值

在金融危机的不利环境下，财务应变的实力变得极其重要。提升净值（资产减负债）最快的方式便是减少负债。一般情况下，个人或者家庭可以承受的负债，是扣除每个月的固定储蓄及必要支出以后的剩余资金。在有负债的情况下，应该先偿还利息较高的贷款，偿还了这些高利息的贷款，无形中便减少了一大笔支出。

3.把钱花得更聪明

80后必须要进行有计划的消费，要从"节流"这方面做起，做到花钱花得聪明。其实要做到这一点并不难，购物的时候选择节假日、买东西尽量货比三家、克制想要购物的欲望以及避免随意刷卡消费等。同时，还可以制订一份消费计划，根据自身的收入情况，合理进行消费分配，避免毫无克制的消费。此外，还要养成记账的习惯，定期检查自己的消费及支出情况，并做出适当的调整。

【理财密码】

储蓄是一种理财方式，风险性很低，适合绝大多数家庭，是把拥有的资产存入银行等其他金融机构，从而获取相应的利息。

4.养成强迫储蓄的习惯

一般来说，理财的第一步便是储蓄，先存下一部分钱作为日后投资的本金，然后逐渐地积累财富。要把薪水中的20%存入到银行，可以选择零存整取或定活两便的储蓄方式，长期积累下来，也会是一笔可观的数目。

5.加强保值性投资

在股市、汇市表现不良的时候，往往银行的存款利率也会下调。我们在理财的时候除了用闲置的钱进行投资以外，资产的保值也是非常重要的。

我们可以通过银行的定期存款、债券基金和债券等方式来达到投资的目的。债券基金的投资金额比较低，有专业的经理人进行管理及节税等优点，相对于债券投资，它的门槛放低了很多。债券基金的种类也比较多，我们在选择的时候要对其进行了解分析，根据自己的实际情况来决定。

6.不景气时的行动力

在经济不景气的时候，我们要及时调整好理财计划，增加自身防御风险的能力；在拥有稳定的工作环境的时候，要考虑在恰当的时机投资，赢得更多的财富。从长期发展的角度来看，经济景气的好坏是会循环、有规律的。不景气会持续几年，到最后还是会好转的。

我们要趁不景气的时候投资,这样投资成本比较低,等下一次景气的高峰来临时,便会成为投资赢家。

四、白领家庭的理财规划

白领家庭的收入一般都比较稳定,但未来的资金需求量将会逐渐增大,对于家庭保障、子女教育等问题应该要提前筹划,尽早规划尽早收益。

1.应急备用金

对于已经组建家庭的 80 后来说,应该预留出 6 个月的日常支出资金作为应对家庭意外情况的较大数额的应急备用金。这部分应急备用金不能作为日常支出所用的资金,它需要兼顾到流动性、安全性方面。若想高于银行存款收益,可以把应急备用金投放在货币市场基金之中。

2.家庭保障资金

如果你的家庭保障依靠的仅仅是社会保障和医疗保障,那是不够的。在面对突发事件或意外情况下,家庭抗风险的能力不强。我们可以尝试购买保费是年收入 10% 的、保额是年收入 10 倍的保险,用来增强家庭的抗风险能力。

3.子女教育资金

目前,不少的 80 后都已经组建家庭。对于有孩子的家庭来说,可以用基金定投的方式进行投资,长期累积下来便可以积少成多,在复利的作用下,有效地起到"开源"的作用。若家庭中还没有孩子,

【理财密码】

随着经济的发展，家庭收入都在逐渐增加，各项开支也相应提高，占最大一项的开支就是对孩子的教育投资。

也可以采用基金定投的方式，在有结余的情况下适当增加基金定投的金额。

4.长期理财资金

80后的白领家庭，遇到突发情况的风险承受能力是比较强的。如果每年都固定有结余的资金，那么可以按照固定的比例进行投资分配，分别投入高风险、中等风险、低风险等理财产品，来增加投资的总体收益。

案例1:80后都市白领巧用基金理财

小琳今年28岁，是一个标准的80后都市白领，拥有一份稳定的工作，月收入达到8000元，社保齐全，拥有20万元左右的银行存款。为了更好地管理自己的财产，她向工行理财师咨询应该如何使用基金来进行稳健的理财。经过一系列的风险测评，工行理财师得出结论:小琳属于稳健型客户。为此，工行理财师建议小琳可以采用基金组合的方式来进行理财。同时，理财师提供了两项建议供小琳选择。

（1）新基金 + 老基金

新基金拥有不超过3个月的封闭期，能够很好地规避股市的时段性调整。而搭配上老基金，能够让我们在股市好转的时候迅速获利。例如，工行发行的易方达沪深300指数基金，就是收益很高的易方达沪深证100基金经理管理。至于老基金，则可以选择广发核心、嘉实服务增值等产品。

（2）指数基金 + 债券基金

指数型基金可以使得投资者的收益随着指数的变化而上涨，而债券型基金能够很好地分散投资风险。另外，参与打新股的债券基金更是能够在牛市中分享到新股上市所带来的超额收益。如泰信双息双利、国投瑞银融华债券、工银瑞信沪深300等产品，小琳也可以考虑。

五、投资自己，最值的赚钱方法

80后未来的生活品质和社会地位，是由现在的投资规划所决定的。若是你无法做到开源节流的话，还可以投资自己，提高自身的学识、修养和工作能力等方面。自身价值提高了，在工作方面建立了不可替代的地位，便能赚取更多的物质财富。

【理财密码】

工行创新推出了"基智定投"产品，这个产品对普通的基金定投进行了升级。"基智定投"实现了投资的智能化，一旦股指升高了，那么投资金额就会自动减少，而一旦股指降低了，那么投资的金额就会自动增加；可以在每月的1日至25日中随意选取一天作为扣款日期。

如果现在的你年薪只有3万元，但是经过自己不断地刻苦钻研，提高自己的工作能力和效率，得到老板的赏识，没过几年便可能把年薪提高到6万元，这个回报率是相当大的。作为80后，可以选择那些具有发展潜力的公司，把自己的眼光放远，经过自身的努力，刻苦钻研业务，提高工作能力，在公司中建立不可取代的地位，这样才能获得更大的收益。

对于80后来说，提升自我的能力和工作效率，把自身的工作做得有声有色，也是一种最值的赚钱方法，更是一种很好的理财方式。如果你不擅长用投资理财产品的方式使自己的财富增值，那么就可以尝试投资自己。其实，自己才是最大的财富，投资自己，也是一种很不错的投资方式。

案例2:沈女士的外汇理财产品4年没见收益

2007年，沈女士在某银行业务人员的推荐下购买了一款6年期的外汇理财产品。转眼间4年快过去了,沈女士的理财产品并没有产生任何收益,于是她向银行提出赎回产

【理财密码】

　　如今在高收益外汇理财宣传的背后,其投诉率也在不断上升。外汇理财产品设计都比较复杂,银行与投资者往往信息不对称,如果银行有意回避风险,那么投资者很可能掉进外汇理财的"陷阱"。

品,却被告知银行只能支付给她本金额的 80%,沈女士须承担 20% 的损失。

　　沈女士觉得无法接受银行的行为,她说当初银行的业务人员向她推销这款理财产品时,只跟她说该产品收益高于存款,而且 6 年期产品收益率高于 3 年期收益率,却没有强调风险因素。沈女士愤怒之余认为这是银行对个人用户的欺诈行为,表示要进行投诉。

　　相关专业人士提醒投资者,要分清银行在宣传产品时提到的预期收益与购买人最后能拿到的实际收益,这是两个不同的概念。一般而言,预期收益是该理财产品可能获得的最高收益,但有前提,就是必须满足产品说明书中规定的相应条件才可获得,倘若达不到相应的条件,收益率就会大大降低,甚至可能无收益。

　　由此可见,投资者在选择外汇理财之前,一定要仔细看清产品的各项规定,要根据自己的风险承受能力量力而行。一般来说,高收益的产品同时意味着高风险。另外,还要关注外汇理财产品的期限,一些理财产品的期限很长,往往越长的期限代表着越不确定的风险。

　　沈女士的理财选择是很多 80 后常见的,其理财失败的主要原因就是理财知识的缺乏,以及没有选择适合自己的理财产品。因此,80 后在理财时,一定要谨记一句话:只选对的,适合自己的才是最好的!

如何选购基金

　　基金投资的起点低、方式简单,因此也被称为"小额投资计划",是一种十分适合 80 后的投资方式。市场上的基金种类很多,不同的基金种类有着其各自的特点。

1.了解基金管理公司

对基金管理公司的考查主要可以通过以下几个方面。

基金管理公司信赖度是否高。

其拥有的基金产品是否丰富，能否提供给投资者做备选。

其运作经验是否相当，管理能力是否良好。

2.了解基金经理

因为很多时候基金经理的投资理念、投资风格等因素都会与基金的业绩挂钩，为此，投资者应尽可能详细地了解基金经理的投资经历、过往业绩水平和投资思想等多方面的信息。

3.了解自己的风险承受度

分析自己的投资属性，看自己的风险承受能力有多强。

如果风险承受能力较强，并且愿意承受较大的短期波动风险，则可以考虑投资股票基金。

如果风险承受能力适中，则可以考虑投资高收益债券基金、保本基金等。

如果风险承受能力较弱，则可以考虑投资债券基金、目标基金等。

4.清楚自己的需求

清楚地知道自己的需求，据此来决定基金的投资目标、投资对象及风险水平等。

案例1：一般家庭如何选择基金理财产品

一般家庭选择基金理财产品可以从这样几个角度出发。

1.单身型

单身型基金组合方案，以积极投资为主。股票或者期货等金融衍生品工具型基金是这种投资组合的主要构成，追求的是高风险、高收益。因为单身族一般没有家庭负担，没有经济压力，以追求资产快速

> 【理财密码】
>
> 我们在选择基金时，应该事先通过报刊、销售网点公告或基金管理公司的信息，充分了解基金的收益、费用和风险等情况，从而判断哪种基金比较切合个人的投资目标。

【理财密码】

因为每个人的年龄、收入和家庭状况都不相同，一般对于现在的80后年轻人而言，可以选择风险高一些的基金。

升值为目的，并且愿意承担一定风险。

2.白领型

白领型投资基金组合以股票型基金和资产配置型基金为主，债券基金为辅，追求的是较高的收益。对于那些收入稳定，但短期内没有大额消费支出，平时由于工作繁忙没有时间打理基金的白领族可以选择这种投资组合。

3.家庭形成型

家庭型基金投资组合以配置型基金作为投资的核心，股票型基金的投资只占少数。对于那些资金实力不是很强，刚刚成立的青年家庭而言，适用这种投资组合，有利于资金的稳定增值。

4.家庭成长型

这种投资组合类型资金分配主要以配置型基金为主，债券型基金为辅。当家庭建立之后，投资者可能积累了一定资金，由于投入的资金比较大，投资者开始考虑以资金的保值为目的进行基金投资，就可以选择这种投资组合。

5.退休养老型

退休养老型基金的投向以债券基金和货币市场基金为主，少量配合一定低风险的配置型基金。对于中老年投资者而言，更注重的是自己基金的安全性，他们投资是为了更好地达到资产保值或抵御通货膨胀带来的资产贬值，并不追求高额收益。这类投资者就要选择此类投资组合，将投资风险限制到最低。

第七节　财富名人榜——李秉哲

1910年2月12日，李秉哲出生在韩国庆尚南道宜宁郡一个富裕的农民家庭。他的祖父是位文人，李秉哲小时候就是在其祖父开办的名为"文山书亭"的书院里度过的。虽然他自小就很聪明伶俐，但也十分贪玩，为此没少挨父亲的骂。

1930年4月，李秉哲考取了日本早稻田大学政经科。他十分珍惜这个难得的学习机会，不仅上课认真听讲，一字不漏地做笔记，而且课外还找了许多书

【走近韩国】

韩国的主要国际航空公司每周有800多次航班直达或不停站地往来于首尔和北美、南美、欧洲、北非、中东和亚洲的主要城市之间。韩国已经与74个国家签订了航空服务协定。

籍来阅读，如饥似渴地汲取着各种知识。这段时间的学习使他开阔了视野，增长了知识，经受了锻炼，为今后的创业打下了良好的基础。

1938年3月1日，李秉哲成立了"三星商会"。"三"在朝鲜意为大、多、强，"星"则是清澈、明亮、深远、永放光芒。李秉哲以三星命名企业，寄寓着他对自己事业的希望和憧憬。

1947年5月，李秉哲携家迁往汉城（现称"首尔"），1948年11月，他在钟路二街永保大厦附近租了一栋两层小楼，挂出了"三星物产公司"的招牌，并亲自担任社长。

1951年1月11日，李秉哲在釜山大街路建起了"三星物产"株式会社。他充分发挥超群的经营才干，在一年之间，使3亿元资本变成

了60亿元,足足增长20倍!

1953年,他首次以自己的技术力量设计建造了韩国第一家大型制糖企业,为韩国食糖生产国产化立下了头功。以此为基础,他又创立了第一家毛织厂,并很快将其发展为具有国际水平的企业,产品成功"登陆"到了毛织品王国——英国。

1987年11月19日下午,李秉哲因肺癌而与世长辞。

名人故事

1930年,李秉哲考入日本早稻田大学政经科。当时,在早稻田大学有不少朝鲜留日学生,这些留学生大部分都参加过日本的学生运动,李秉哲也同早稻田大学的学生一起参加过一次反对滨口首相的示威游行。但是,他参加示威游行并不是出于对政治运动感兴趣,只是出于一种好奇心而已。

正当他以浓厚的兴趣埋头学习的时候,到第二学期末由于偏食的坏习惯,他患了严重的脚气病。尽管经过多方治疗,但病情不见好转,到后来,不仅不能坚持正常的学习和日常活动,就连身体都难以支撑了。李秉哲万般无奈放弃留学。就这样,他在大学二年级的时候就回到了家乡。

李秉哲曾先后进过晋州智水普通学校、汉城寿松普通学校、中东学校、日本早稻田大学等4所学校。但因在每所学校都没读完就中途辍学,以致他没得到过一张毕业文凭。

李秉哲尽管在求学道路上遭到种种挫折,给他留下了终生遗憾,但在汉城和东京的学习生活却给他留下了永世难忘的印象,使他开阔了视野,增长了知识,经受了锻炼。

第三章 培育高附加价值的
先进农业与渔业

　　在过去政府过分地倾向于完备农业生产基础，所以对公路、上下水道等农村生活基础设施与农民的福利投资不充足。此外，未能引导农民积极参与对农政的协议。国民政府将与农业的主人——农民——共同制定农业政策，由此使农民感到务农光荣，并积极投身农业。此外，韩国三面环海，具有得天独厚的开发海洋的条件。但过去对海洋利用、开发不足。所以，韩国将像张宝皋、李舜臣将军那样，积极开发海洋产业，去开拓21世纪太平洋时代。

　　纵然在追求财富的路上你会遇到各种坎坷，只要你深刻理解自己的人力资本是这个世界上最大的财富，你就可以用自己的智慧来换取包括金钱在内的任何东西，你就会获得成功。

　　很多人总是每天做着一夜暴富的美梦，可是当梦醒来的时候，还是要回到现实。那些一夜暴富的人毕竟是少之又少的，所以我们要坚持做我们正在做的工作。想通过一个月的理财就把资产翻一番的愿望是不可能实现的，即使你愿意承担最高的风险，市场上也没有收益那么高的投资产品，所以理财是一个长期过程，是需要我们像对待事业一样花费一生的时间去经营的，需要时间和耐心。理财或多或少还是存在一定风险的，所以想要获得最后的成功，必定要经历过风雨，只有在理财成为我们生活的一种好习惯的时候，才能经受住市场的考验，最终收获财富。

第一节　让农、水产业在开放时代成为
有竞争力的产业

　　1993年缔结乌拉圭回合(UR)协商后,韩国通过改善农业结构加强竞争力,并以改善农、渔村生活环境与增进农、渔民福利为目的,大幅扩大了对农、渔村的投资。为改善农、渔村结构,所进行的42兆元投资计划与15兆元农、渔村特别税投资计划,使整理耕地等农业生产基础与流通农村设施得到扩充。

【走近韩国】
　　大韩航空公司和亚洲航空公司在下列16个主要城市开通了航班:首尔、釜山、济州、大邱、束草、光州、晋州、原州、清州、丽水、蔚山、木浦、群山、江陵、醴泉和浦项。

　　但是在短期内集中援助的投融资项目中, 存在着部分选定不适当项目与事后管理不善等不良现象,所以,对农、渔村投融资项目提出了效率问题。同时,改善农村生活环境与农民占多数的中小农家及高龄农民的对策不明确。在农业政策促进过程中提出了忽视务农者与消费者参与及听取国民对农业政策的建议等问题。

　　世界各国已认识到将要来临的21世纪是开发海洋的时代,所以,把开拓海洋作为国家经营的主要目标,积极投入海洋开发。古往今来,重视海洋的国家即昌盛,反之则衰弱。韩国三面环海,在开发海洋方面有得天独厚的条件, 但迄今缺乏努力利用海洋资

【走近韩国】
    韩国的集装箱船只行驶在通向南美、北美、欧洲、澳大利亚、中东和非洲的许多港口的航线上。外国的远洋航船、游船以及客货轮船也常停泊在韩国港口。

源,所以,要积极开发人类共有的海洋资源,为开拓21世纪太平洋时代而努力。

国民政府将积极促进务农光荣的政策,积极促进"为农民,农民为主人,与农民在一起"的农业政策。与此同时为了加强开发海洋的竞争力,将制定多方位的海洋政策。

第一,扩大粮食自给基础,改善流通结构等。将农、畜业培育成为竞争力的产业,使韩国农、畜产业在开放的时代具有与外国同行抗衡的竞争力。

第二,改善农、渔村生活环境,促进增加农、渔民福利的政策,将农、渔村建设成快乐的生活空间。

第三,积极开发韩国周边的海洋,此外,也参加开发南极等海外海洋资源,同时建设21世纪尖端科技的港湾。

继1996年之后,1997年农作物再度大丰收,由此不仅提供给社会充足的粮食,而且对民众生活的安定起到了重要作用。但从已往只要有一年歉收,就会出现供需不佳的经验看来,进一步加强粮食自给基础是非常必要的。

首先,耕地只要转为它用或被毁损就不可能再恢复,所以,要在加强保护优质耕地的同时,开发、普及高品质、高产量的品种。

此外,继续改善耕地整理、用水开发、修建水渠等农业生产基础项目,并提高粮食生产的竞争力。在促进项目时,把力量侧重投入到现已进行的项目中,使之早

日竣工,使农业投资取得更大的效益。

与此同时,为了提高粮食产量,将扩大经营规模,并使现在的农地买卖制转向租赁制。

此外,搞活60岁以上农民出售土地或长期租赁给其他农民时需支付补助金的直接支付制度。

与此同时,建立符合消费者利益的流通体系,搞活个体流通。此外,把带皮粮综合处理场(RPC)与生产农家相联接,签订契约,共同作业,扩大销售,谋求节省费用与提高质量。此外,使现行的以政府为主的购销制度转换为以个人为主的销售制等粮食管理制度,并使之既符合世界贸易组织(WTO)体制,也保障农家的利益。

随着开放时代的到来,在韩国农业与外国农业的竞争中,只有提高农业生产力才是唯一的出路。为此,政府将促进农产品流通结构的改造的同时和提高经营、提高技术能力、培养系统性出口农业等多方位实策。

从韩国农产品流通结构看,将生产的农产品送到消费者手里,需经过五六个流通阶段,其过程繁杂,而且,流通费用过高。为了使生产者获得实价回报与消费者低价购买,政府将对粮食流通结构进行大调整。

首先,为了使易于腐烂变质的蔬菜、牛奶等适量生产与稳定价格,由农民、消费者、商人、政府共同遵守生产、发货、消费等自律调节的流通协约,并制定在供需严重失衡时,可强制废弃产地的流通命令制。

此外,将扩充蔬菜、果品包装中心,粮

【走近韩国】

　　1997年，韩国港口的年吞吐量为3.59亿吨，是1961年年吞吐量（900万吨）的39.9倍。1996年，韩国政府将设立于1976年的韩国海运和港务管理局提升为海洋水产部。这一改变反映出了海洋运输在国民经济发展中日益重要的地位。海洋水产部现在是负责促进海运业发展的主要政府部门。

食综合处理场，畜产品综合处理场等产地流通设施。批发市场的交易方式，可由开设者进行经营，而且也可选择批发商制度，由此扩大了生产者选择的机会，以此促进批发市场改革。

　　同时，在当前运营的批发市场中导入电脑销售制与发货预约制，并建立批发市场间的信息网。通过改善装卸、运输体系等打破农产品批发市场的高费用结构，使之更趋合理化。与此同时，根据地域条件，开设直销小市场，以此改善流通等，计划大幅度扩大直销比重。

　　为了使农民提高技术，提高经营水平，通过树立经营模范，展示优秀事例，并根据达标技法建立援助体系。援助资金也从现行的按具体项目援助的方式中解脱出来，将农业经营者所需要的资金与发展阶段相结合，使适时适量与经营咨询相联系的综合援助，由此转换成综合援助资金的制度。此外，配合农民的技术需要，开发实用技术，并将遗传工程学等尖端技术，积极应用于农业生产，由此生产出高附加价值的农作物。

　　同时，培养系统的出口农业，提高农家的收入，由此开拓韩国农业的活路。为此，以出口专业基地为主，援助生产流通设施，进行技术指导。同时，与出口厂家确立生产契

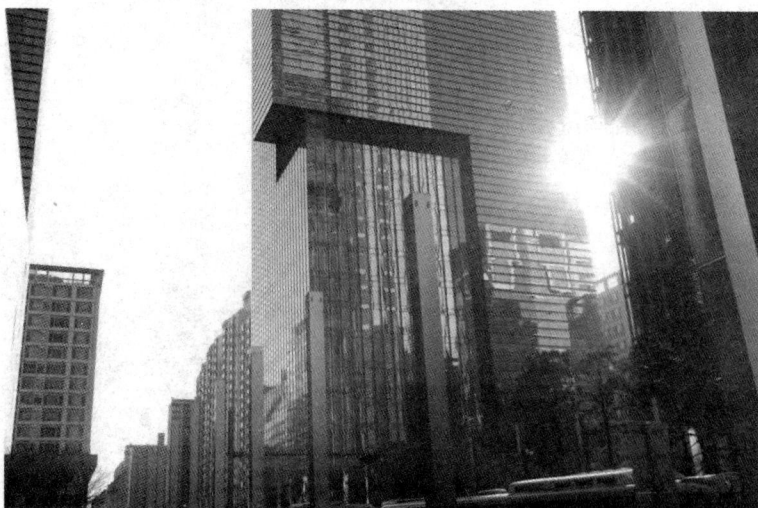

约体制。此外,由农业生产者、出口厂家代表、地方自治团体一同构成,并举行扩大贸易对策常规会议。不断解决农产品出口中遇到的困难,同时农、水产品物流公司改成承担出口商谈、做广告、收集海外信息等功能的出口专门机构。

【走近韩国】

20世纪60年代,韩国经济开始起步。70年代以来,持续高速增长,人均国民生产总值从1962年的87美元增至1996年的10548美元,创造了"汉江奇迹"。1997年,亚洲金融危机后,韩国经济进入中速增长期。

最近,对进口农产品价格的稳定性有较大的忧虑,此外对国内农业生产中过多使用农药和化肥,民众反映强烈。在认识到这些问题之后,积极培育保护环境的农业极为重要。在向消费者提供安全的农产品的同时,保护韩国的土质、水质,由此提高农业竞争力,恢复农业的公益性是不可推卸的责任。为此,政府将促进少用农药、化肥,并将环境和农业挂钩,同时对实施环保农业的农家给予直接援助。此外,通过环保农产品在市场的直接交易等,扩大各种流通渠道,促进环保农产品的发展。由此,扩大节约资源、搞活自然资源的农业经营方式。

为了将山林培育成更有价值的经济资源,实施育林项目,扩大有望获利资源。与此同时,按区域设立林木加工、流通的综合设施,积极援助复合木材、板材生产。减少进口,增加出口。

为加强水产业的竞争力,政府将促进如下政策。首先,利用尖端生命工程技术,开发高级养殖鱼种及海洋生物新物质等,由此积极促进对这些先进水产技术的开发,以提高水产品的附加价值。逐渐缩小大于渔业资源的渔船量,废弃或合并丧失竞争力的工种,由此促进对水产业的结构调整。此外,加强对渔业者的技术指导,提高每个作业者的人均生产能力,同时引导渔业继承者的发展,支援其全身心投入渔业。并且扩充生产集体的直销设施,将大规模的零售点转向产地批发市场,改善水产品流通结构。

为了有效促进如上实策,脱离主导至今的农业政策,落实务农者、消费者共同参与的农民、消费者、行政协作体制。为此,政府将以往农业政策缺乏效益及诸多问题进行再分析,建立新农业政策框架,制订中长期农业政策改革方案。此外,改善农政促进体系,以为农民服务为中心。

【走近韩国】

如今,韩国经济实力雄厚,钢铁、汽车、造船、电子、纺织等已成为韩国的支柱产业,其中造船和汽车制造等行业更是享誉世界。大企业集团在韩国经济中占有十分重要的地位,三星、现代、SK、LG和KT(韩国电信)等大企业集团创造的产值在其国民经济中所占比重超过60%。

为了将农、渔村发展成为环境优美,福利颇佳的生活空间,将实施各种实策。

首先积极开发农村的休养资源,使之成为观光产业的同时,扩大城市与农村间的交流,扩充农村地域的产业环境,大量开发第二、三产业,扩充公路、住宅、用水等基础生活设施,并积极支援开发农村,将农村建设成幸福生活的空间。此外,大幅度扩大休养林、休闲场等与环境和谐的山林休养设施。确立山林生物资源的保存管理体系,加强山村的环境、公益功能。

政府将扩充对农、渔民的福利基础,促进对农、渔村高中毕业生实施"大学特例入学制",扩充农、渔村籍学生宿舍等实策。此外,通过实行无差别的合同医疗保险,减轻农、渔民的医疗费负担及扩充医疗设备

等,提高医疗服务质量。

　　将渔村综合开发项目与渔港开发项目相结合,将发展潜力大的地域作为对象集中开发。同时,兼顾渔村生活环境的改善。渔港具有援助水产业的功能,同时,也是观光、流通、交通等生活基地。所以,应根据需求多样化,按功能差异及地域特点进行开发,并使现在开发或计划中的渔港争取尽快完工。1970年全国约有2900余个渔港基础设施完工,至今经过9次修缮,不仅能预防自然灾害,而且对生产、流通及生活环境的改善也大有裨益。

　　政府为了克服经济危机与稳定农业经营,最大限度地降低政策资金利息,继续加强延长贷款期限等减轻农民的债务负担的政策。此外,根据农业受灾情况决定援助标准,并扩大援助范围等,以改善与农业生产相关的控制伤害制度,使农民能应对意外事故。此外,还要制定安全经营山林、防止灾害的方案。

第二节　向大海进军,作为第二国土开发

1994年11月,作为海洋宪章的《联合国海洋法公约》生效后,世界各国为了扩张海洋领域展开了激烈的角逐。在世界151个临海国中,122个国家将200海里宣布为"排他性经济水域"(Exclusive Economic Zone),对公海的利用也因联合国的主导而受限制。特别是国土狭小,陆地资源贫乏的韩国,与周边海域相连的中国、日本展开了激烈的扩张海洋领域的竞争。为此,政府将地球村整体转换成海洋产业的新基地,并为了呈现"第二藏宝库时代",而促进多种实策。

【走近韩国】

韩国人均国民总收入于2007年首次突破两万美元大关,达21695万美元;受国际金融危机影响,2008年韩国人均国民总收入跌至19296万美元;2009年下滑至17193万美元。

首先积极开发太平洋深海底的矿物资源。1994年8月,韩国继6个发达国家之后的第七位,确保了太平洋深海底矿区15万平方公里面积。此外,对西太平洋岛屿马绍尔共和国、马里亚纳等排他性经济水域内,自然存在的海底矿物资源,现正实施着缜密探测。此海域埋藏着镍、锰等可用于尖端产业的金属,当时计划从2001年开始进行实质性开发,可以获得200年以上的实用的数量,估计年获利超过10亿美元。

今后日趋活跃的南极开发,将搞活对南极的研究。南极有韩半

岛60倍大的面积,并具有丰富的资源,是地球上最后一个"堡垒"。
1899年挪威在世界上首次进入南极后,到现在已有28个国家建立了
42个科学基地。政府将继续通过1988年2月竣工的南极世宗科学基
地,促进对南极所藏石油、甲烷等能源及水产资源的调查与研究。同
时,为了搞活对南极的研究,当时计划于1998年年底与智利设立"共
同研究中心"。

此外,为了确保南太平洋海域的海底矿物与水产资源,计划于
1999年上半年设立"韩·南太平洋共同研究中心"。同时,为了共同开
发超高速线、水中机器人、深海潜水艇等核心技术。当时预定至2000
年设立"韩·极东俄罗斯共同研究中心"。

韩国进出口货物的99.7%由港湾处理,所以是韩国经济中的核
心基础设施。韩国在地理上位于世界大型集装箱航船运行的主航线
上,并位于世界上具有极大经济发展前景的中国、日本、俄罗斯等东
北亚中心地带。所以,国民政府将充分发挥韩国港湾的有利条件,把
釜山港、光阳港与中国上海以北、日本西岸及东俄罗斯之大陆横断
铁路(Trans Siberia Railway,Trans China Railway,'Frans KoreaRailway)
相联接,使之成为集装箱转换中心。现在韩国港湾设施较之竞争对
象的日本福冈、中国台湾高雄等要落后。所以,至2011年在釜山新港
与光阳港大幅
扩充48个5万吨
级集装箱码头。
同时,在釜山、
光阳港后方设
置大规模物流
基地,使之发展
成为综合性的
国际物流流通
港湾。与此同

【走近韩国】

2010年韩国经济增长6.2%，人均国民总收入重新突破2万美元大关。

时,扩充港湾设施,并使之现代化,这样就能使韩国港口确保与临近国家与地区港口的竞争力。

如果韩国港口发展成为国际物流中心港湾,对与此相联的金融、信息通信、船舶注油、造船等高附加价值相关产业,也会产生很强的波及效应,由此对韩国经济的发展将产生重大的作用。处理1个集装箱,获利相当于出口一辆汽车。

为了将韩国发展成为东北亚中心基地,在海运港方面与朝鲜探索多方面及实质性协作方案。此外,为了与欧洲的鹿特丹、东南亚的新加坡、香港特区比肩成为世界性港湾,在新港湾设立东北亚运输协作机构。同时,为了协商海运服务自由化等共同性海运港湾政策,设立国际论谈。

今后要加强韩国海运产业的国际竞争力,并为了让海运相关产业创造出高附加价值,而建立海运综合信息服务系统。希望通过此系统,迅速获得、分析、提供海运实况、船舶买卖、用船、船舶金融、造船等海运市场信息和国际机构及世界各国海运政策动向等相关信息。此外,将依存于海外的船主责任保险(R&I)引入国内运营,创造海运产业稳定增长的条件。

第三节　全体国民信赖的社会保险

韩国建立并完善了产业灾害保险(1964年)、医疗保险(1977年)、国民年薪(1988年)、雇佣保险(1995年)等四大社会保险,并通过不断扩充公共救济与社会福利服务,形成了一定的社会保险结构。但迄今社会福利服务,不论在量与质方面均不足,很难满足国民急剧增长的福利需求。以往更注重于量的增长,所以,尽管扩大了获利范围,但相应的生活质量未能得到提高。

与此同时,社会成员缺乏应该具有的共同体意识,对"脆弱"阶层的安全设施也尚未完备,对他们的援助也没有摆脱施舍的性质。

所以,国民政府决定摆脱消极的福利提供,为了未来通过教育、就业、健康等方面的援助,建立自救与扩大再生产等生产性福利制度。此外,为了搞活民间福利活动,创造社会条件,由此为建立和睦的福利共同体而努力。

国民政府将尽快落实产业灾害保险、医疗保险、国民年薪、雇佣保险等四大保险制度。此外,为了给国民提供方便、高质的服务,使社会保险管理体系效率化。为此,在第一阶段促进加入者管理及保险金赋课、征收业务的一元化;在第二阶段,通过促进支付与项目管

> **【走近韩国】**
>
> 韩国贸易额1964年首次实现1亿美元,1974年和1988年分别实现100亿美元和1000亿美元目标,2005年突破5000亿美元。截至2011年12月5日,韩国本年度累计出口5150亿美元,累计进口4850亿美元,成为全球第九个贸易额突破1万亿美元大关的国家。

理的合并,将四大社会保险之间相互重复的功能及组织进行有效的调整。

此外,为了维持恰当的国民负担与受惠标准,探讨有效的筹措财源方式,开发能够均衡提高阶层间负担的保险金赋课体系。与此同时,促进社会保险与民间保险间合理的互补关系。

【走近韩国】

截至2012年2月底,韩国外汇储备环比增加44.6亿美元至3158亿美元,创历史最高纪录。在韩国外汇储备中,国债等有价证券为2895亿美元,环比增加42.6亿美元;投资储备金为179.7亿美元,环比增加1.2亿美元;国际货币基金组织(IMF)特别提款权(SDR)为35.6亿美元,环比增加7000万美元;国际货币基金组织的储备头寸为26亿美元,环比增加2000万美元;黄金储备为21.7亿美元,环比持平。

1998年10月始,将国民年薪制度扩大到城市私营者,由此进入了"全体国民年薪时代"。以此为契机调整了现行的低保险金负担与高年薪体系,得到年薪的年龄也将逐渐提高。与此同时,提高国民年薪所积资金的运用受益率,并提高运营过程中的透明性与专业性。此外,在国民年薪与公务员年薪等相互不同的公共年薪间,导入相互相连的"通产年薪制度",使改行后,年薪支付权的连续性得到保障。

为了用有限的医疗资源提供有效的医疗服务,将采取提高保险金使用效率的方针。此外,为了合并现行的按行业分管医疗保险的制度,首先合并地域与公务员、私立学校教职员医疗保险管理公团。接着,将包括工作单位组合的所有医疗保险组合一元化。

对雇佣保险,将它

发展成为保障失业者的收人、稳定雇佣劳动者、开发职业能力的既综合又均衡的雇佣保障制度。特别在低增长、高失业的时期,每个劳动者均面临失业的危险,所以,应搞活雇佣保险。

产业灾害保险的适用对象,当时计划将于2001年扩大到不足5人的小企业,并改善产业灾害保险的测算方式,同时,使征收体系效率化,保险财政健全化,提高负担的均衡性。

国民政府将把生活保护制度改善成为对丧失劳动力的低收入阶层给予最低生活保障,对有劳动能力的低收入阶层创造自生、自力的条件。特别在确定保护对象时,资产标准按家庭人口划分等级,并引进仅资助实际收入与最低生活费之差额的补充供给制度。以前家庭成员中有18岁以上、未满65岁者,并被确认为非残疾劳力时,视为有劳动能力则不予资助。但从今以后,对有无劳动能力做出客观的评价,并对患病及事实上已经丧失劳动力的家庭,视其情况资助生活费。此外,将生活保障对象收容到公共设施的做法需要诸多费用,所以要扩充在家保障事业。另外,为了使"脆弱"阶层尽快融入社会,将加强职业再生活动。

第四节 拓宽社会福利服务

让老人、残疾人的生活更舒适

韩国正迅速地向人口老龄化社会迈进。在当时看来即将来临的 2000年，65岁以上的人口比例要超过7％，由此进入了高龄化社会，至2022年，高龄比例将超过14％。在韩国，高龄比例从7％增长到 14％的时间只有22年。对此，与经过较长时间进入高龄化社会的发达国家相比，韩国政府对迎接高龄化社会准备得不充分。

为了有效地迎接高龄化社会，政府将对可以自立的老人提供参与社会的机会，对不能自立的则为了保障收入制定多样的政策。即

对丧失生活能力的低收入阶层的老人，通过国家的资助，保障其收入、保健医疗、居住等基本条件。对有经济能力的中上层老人，通过扩建有偿福利设施，按市场原则提供福利服务。同时，对有劳动力的老人，扩大就业、自愿服务等参与社会的机会。此外，对必须医疗、疗养的老人，扩大在家护理服务、老人专门疗养设施(NursingHome)等。

【走近韩国】

韩国在文学艺术等方面都有自己的特色。韩国人素以喜爱音乐和舞蹈而著称。韩国现代音乐大致可分为"民族音乐"和"西洋音乐"两种。民族音乐又可分为"雅乐"和"民俗乐"两种。

对于残疾人，除了完善各种福利设施、制度外，还要保障他们顺利地参与社会活动。首先，将分散在福利、教育、雇佣等各方面的与残疾人相关的服务连接起来。此外，将现在法定残疾人范围，即从视觉、听觉等外部残疾为主，逐渐扩大到难以治愈及必须经过长期医治的慢性心脏疾患等内脏疾病和重症神经疾患等。

为了补助低收入、失业的残疾人生计，将扩大生计补助手段，积极探讨残疾儿童的抚养、重症残疾人的护理等手段。此外，为了减轻残疾人家属的经济负担，对购置车辆者扩大减免各种税金、费用等，同时也逐渐减免所得税、遗产税、居民税等。此外，至2000年4月，国家级地方自治团体的所有办公场所，义务性地设置方便残疾者的设施，并逐渐扩大到公共场所。

在普通学校，为了残疾人增

富豪俱乐部

【走近韩国】

　　韩国的舞蹈以民族舞和宫廷舞为中心,多姿多彩。韩国的戏剧起源于史前时期的宗教仪式,主要包括假面具、木偶剧、曲艺、唱剧、话剧等五类。其中假面具又称"假面舞",为韩国文化象征,在韩国传统戏剧中占有极为重要的地位。

设特殊班级,扩大正常儿童与残疾儿童共同受教育的合并教育方式,同时对重症残疾人提供特别教育服务。此外,有实效地促进公共机关及企业残疾人义务教育制度。通过增设残疾人职业设施,使难以在普通企业就业的重症残疾人也能得到工作和谋生机会。此外,通过有效地运作残疾人雇佣信息中心,以解决残疾人的失业、求职的困难,同时为了最大限度地降低残疾人的发生,将制定多方位的产业灾害、交通事故等的预防政策。

健康的社会来自健康的家庭

为了维持健康的社会,须使每个家庭健康。为此,以家庭主义价值观为基础,形成家庭—邻里—地域社会—国家相联的福利共同体。国民政府为建立体现社会福利关系法及意念的健全家庭,将促进综合性的家庭福利政策。针对最近急增的家庭暴力、性暴力也将实施相应的措施。

在韩国全部贫困人口中,女性所占比例颇高。为此,政府在扩大援助低收入母子家庭的同时,尽快扩充母子家庭能够自立、自生的基础。

最近随着离婚率的上升,家庭结构在急剧变化,并因经济缘由家庭的缺损、离散与日俱增。所以,儿童福利服务势在必行。为此,政府将向儿童提供智力、精神、身体等社会发展所需的保健与营养、安定的经济、家庭、学校、面临社会暴力时的保护、快乐舒适的居住环境等儿童福利措施。

政府为了保护像缺损家庭儿童那样需要社会保护的儿童,将现行的事后处理为主的服务福利对策,转向事先保护为主的对策。

即事先解决将有害于儿童成长的环境结构要素，为出走青少年创造循循善诱的教育环境。与此同时，制定防止虐待儿童的制度，完善制造物、交通、建筑物等个别法律规定安全规章，使儿童的安全首先得到保障。

以往制定住宅政策立足于中上层收入者的供给，所以忽视了对低收入阶层公共

【走近韩国】

韩国是一个十分重视教育的国家。全国各类大专院校数以千计。国立首尔大学是韩国排名第一的综合类院校。延世大学和高丽大学也比较有名，此外，还有成均馆大学、西江大学、中央大学、庆熙大学、汉阳大学、檀国大学、建国大学、忠南大学、世宗大学、梨花女子大学、庆北大学、忠北大学、浦项工业大学、釜山大学、全南大学、釜山外国语大学、仁荷大学、仁济大学、培材大学在韩国较有名誉。

租赁住宅的供应。此外，依据低收入阶层援助居住费制度，虽然执行房租资金贷款制，但因限定范围实际得到者寥寥无几。

所以，国民政府为了解决公共援助必须的低收入家庭居住问题，在今后5年内建设包括5万户国民租赁住宅的50万户公共租赁住宅。为了解决建设公共住宅时所需的财源负担，在建设租赁住宅外，由地方自治团体将现有的中高档住宅及私人出租房屋购入或租入，以合适的租价出租给援助对象。

与此同时，经常考察租赁资金及居住费补助制度的实施情况，并扩大现试行中的低收入者房屋租金援助，渐次引入直接补助住宅费制度。特别是因再开发住宅，缩小了低收入阶层的居住空间，所以加强对低收入阶层居住环境的改善，把住宅改良事业的恩惠，也转向低收入者。

国民政府将把供给者为中心的福利行政体系，转向以需要者为中心的体系。此外，制定反映地域特性的综合计划，在做福利预算时，增加地方自治的自律性，并扩大国民

参与福利政策的计划及执行过程,以提高福利服务的质量与利用者的满意度。与此同时,中央政府把握政策方向与设定全国性标准,地方政府则具体执行,由此合理地调整中央政府与地方政府间的作用与职能。

同时,分阶段扩大目前在5个地域示范性地实施的保健福利事务所,并通过运作保健福利事务所,将现在的保健业务与社会福利业务相结合,为国民提供方便有效的保健福利服务。

第五节　由治疗为主转向预防为主

　　韩国的保健医疗质量水准，在世界174个国家中居第五十九位，较之收入相当落后。小区医院等基层医疗机关的最新设备闲置在那里，而综合医院则患者比肩继踵。其现象，不仅使医疗服务质量下降，而且降低了医疗资源的有效利用。与此同时，医疗机构大多集中在城市，由此加深了利用医疗地域的失衡性。

　　由于医疗服务供给体系以治疗急性疾患为主，所以无法有效地面对因高龄化社会进展、社会方式变化等随之而生的慢性、退化性疾患的比重增多等采取相应的措施。此外，在老人、残疾人保健、医疗尚不完善的情况下，近来失业者又急增，经济条件趋恶化，使老人、残疾人更难得到医疗服务。

　　政府在解决韩国保健医疗体系中存在的根本问题及探求相应方案的同时，针对正在变化的保健医疗需要，采取合适的对策，并为了提供方便、高质量的保健服务而竭尽全力。此外，在协调效率性与均衡性的过程中，促进保健医疗体系的先进化。

【走近韩国】

　　韩食以泡菜文化为特色,一日三餐都离不开泡菜。韩国传统名菜烧肉、泡菜、冷面已经成了世界名菜。

　　将保健医疗供给体系从治疗为主转向预防为主,由此,逐渐减少国民的医疗费负担。并通过国民健康事业的活性化、疾病管理体系的先进化等,促进保护健康、增进健康、预防疾病、恢复健康服务等,建立预防为主的保健医疗体系。

　　英国等欧洲国家,把儿童、女性、老人等指定为特别管理对象,并定期实施健康检查、访问咨询、健康指导等,由此达到防病和早期发现、医治的目的,起到减少医疗费的效果。

　　参照如上先进国家事例,以保健所为中心集中力量建立对幼儿到老人的各种健康问题进行定期预防、管理的"终身健康管理"体系。此外,为了有效地管理居民健康,按地域预测保健医疗需要,有效地联结中长期保健医疗供给对策,确立为保健统计的行政体系。

　　国民政府将建立符合对象特性的保健医疗服务供给体系,特别要加强对低收入、老人、残疾人、女性、特殊患者的保健事业。

　　第一,为了有效地管理城市低收入者的健康,搞活相应项目。首先,因城市低收入者大多为福利服务对象,所以,可以建立保健服务与福利服务相联结的服务体系。此外,调整对传染病管理功能颇强的保健所作用,加强社区保健服务等健康管理活动。

　　第二,针对人口老龄化,即老人健康问题加强对应政策。为此,建立疗养院(Nnrsing Home)、晚期患者中心(Hospice)、保健专科医院等符合老人需要的多种保健医疗设施,特别为农、渔村老人大幅扩充健康项目。

　　第三,为了保护妇女和儿童,将增加母子保健服务。为此,加强对孕妇与幼儿的健康诊断及健康管理,促进对产前检查的医疗保险金的实施方案。

第四,为癌症、白血病等难以治愈而受痛苦的人们，由国家建立对这些病人预防、患者登记及医治对策等特殊疾患管理体系。

国民政府为把具有高附加价值的保健医疗产业，发展成为高附加价值出口产业而奠定基础，并建立技术需求与供给相联结的转让体系(Techno-mart),加强援助保健医疗管理技术的研究开发,同时有效地改善食品、药品的生产及流通结构,建立保健医疗信息基础等。

第一,有机地配置与保健医疗相关的企业、研究机构、大学等,促进企业、研究机构、学校、管理机构的合作研究,并为了最大限度地提高研究效率,将现在正在促进的保健医疗科学基地于2006年建成使用。直接或间接地促进保健医疗科学基地的科技研究,以此增强技术力量,增强保健医疗产业的国际竞争力。

【走近韩国】

韩国有各种饮食，由于其过去处于农耕社会，因此从古代开始主食就以米为主。最近，韩国饮食以各种蔬菜、肉类、鱼类共同组成。泡菜(发酵的辣白菜)、海鲜酱(盐渍海产品)、豆酱(发酵的黄豆)等各种发酵保存食品，以营养价值和特别的味道而闻名。

第二，新物质开发技术决定药品方面的核心技术，所以为了开发新药，不仅要增加研究资金与新药品开发设施，而且要完善相应的制度。在中长期，迅速收集新药开发与相关技术及特许信息等，并提供给制药厂商。

第三，通过引入药品的条形码等，以促进流通信息化。同时，让批发商遵守"优质药品流通管理标准"(KGSP)，促进生产与流通领域的先进化。

第四，随着全社会信息化的潮流，将促进保健医疗领域的信息化。特别对地域保健医疗信息、血液流通信息、脏器移植信息等各种信息系统进行阶段性的扩充。此外，将医疗机构间的电脑信息系统相互联结，建立能够交换医务记录、治疗、看护、诊断等信息的统合医疗服务信息体系。同时，通过建立保健医疗、社会福利、社会保险等领域相联结的信息网，以有效提供与保健福利相关的信息。

第六节　食品、药品要安全第一

　　食品、药品对国民而言是必不可少的基本商品，所以确保其安全性是最重要的课题。为此政府将完善让国民放心的与食品、药品相关的制度。

【走近韩国】
　　韩国摆餐桌的特征是所有饮食同时摆出。传统菜数为贫民三种，王族十二种等。摆餐桌根据面条或肉类而有所不同。与中国和日本相比，韩国饮食提供汤。在韩国饭勺使用更频繁。

　　第一，遵照国际标准制定食品等标准规格，并以安全为主。加强管理新材料食品等，并建立管理安全食品的基础。

　　第二，开展检查、收回国民日常消费食品等活动，对食品卫生未达标的品类及地区，不断加以指导、监督。

　　第三，使审查药品的安全性、有效性与临床试验的相关制度先进化，确保药品的安全性，加强药品的再评价及再审查制度，使药品质量管理不出现漏洞。

　　第四，防止药品的误用、乱用与药物事故，并为了保护国民的健康实施医药分业制度，以及加强对药品副作用的监督。

第七节　财富达人的理财之道

财富故事秀

从前有两座庙,一座在南山,一座在北山,庙里住着两个和尚,一个叫一禅,一个叫二慧。有一条河流同时经过南山和北山,两个和尚经常会在同一时间去这条河边挑水,久而久之,两人便成了好朋友。

转眼过了 5 年,有一天,南山庙里的一禅和尚没有下山挑水,北山庙里的二慧和尚就以为一禅和尚睡过了头。但是第二天、第三天,接连一个星期都没有见到一禅和尚下山来挑水。二慧和尚有些着急了,以为一禅和尚生病了,就特地去南山拜访他。

可是一到南山庙,却让二慧和尚大感意外,一禅和尚正坐在禅院里打坐诵经。此时,二慧和尚就问起了这其中的缘由。没想到,一禅和尚却把二慧和尚带到了一口水井边,他指着那口井说:"这 5 年来,我每天做完功课后,都会抽空挖井,当时我想以后年纪大了,不能总是天天下山挑水。如今,我终于挖出井水,也就不必再下山

挑水了,可以有时间做我喜欢的事了!"

这则故事告诉我们,凡事都不能只想到现在,我们每个人都会变老,都会有挑不动水的那一天。即使平时拿到的薪水和奖金再多,也只是在"挑水"。因此我们有必要为自己的将来做好理财规划,为自己挖一口"水井"。

一、无本创业空手套白狼

想创业,但又苦于缺乏资金成本,这是当下很多心怀创业梦想的 80 后面临的最大难题。天上不会掉馅饼,也不会掉金子,要取得回报就必须有付出。当然,所谓的"空手套白狼"并非零成本投入,而是以小投入换取大的回报,用自己的智慧来赚取更多的财富。

我们先来看一个故事。美国有一名工程师,名叫图德拉,他很想在石油界大展宏图,但是他没有资金,这让他十分苦恼。就在图德拉犯愁的时候,他的一个朋友告诉他一则消息,激起了他放手一搏的决心。朋友告诉他:阿根廷想用 2000 万美元采购丁烷气体。图德拉认为这是一次赚钱的机会,于是便来到了阿根廷。但是当时的英国石油公司和壳牌石油公司也想叼得这块肥肉,这对于当时一无所有的图德拉来说,就显然面临在敌强我弱的竞争局势中。是知难而退,还是迎难而上?图德拉在经过一番思想斗争后,还是选择了后者,他决定要用自己的智慧来争取到这一次机会。

那时,正逢阿根廷牛肉过剩,急于出售,图德拉灵机一动,就和阿根廷政府提出了一个以丁烷换牛肉的交易策略:他以 2000 万美元买下阿根廷过剩积压的牛肉,

【理财密码】

泡沫经济的出现,会严重影响到人们的生活,在泡沫经济的作用下,个人和家庭理财也会受到严重影响。因此,我们很有必要了解、掌握泡沫经济的基本知识,以便更好地做好自己的理财规划。

而阿根廷也以 2000 万美元买下图德拉的丁烷，双方当场就签订了协议。就这样，图德拉和阿根廷政府都没花一分钱就得到了各自想要的东西。

之后，图德拉又打听到西班牙的造船厂因为没有订单而濒临倒闭，而这正是图德拉所要找的机遇。于是他找到了西班牙政府，并和他们协商，如果西班牙政府买下他的价格为 2000 万美元的牛肉，就在他们的造船厂打造一艘价格为 2000 万美元的超级油轮。这样一来，西班牙的难题也就解决了。

回到美国后，图德拉立即跑到了费城的石油公司，与石油公司协商，如果他们可以买下他在西班牙制造的价格为 2000 万美元的油轮，他就买下价格为 2000 万美元的丁烷。石油公司一听，认为这其中可以赚到不少利润，立马同意了图德拉的提议。就这样，图德拉没花一分钱便闯进了石油界。

图德拉的故事是一个较为典型的"空手套白狼"的典型例子，从中我们可以发现，图德拉实际上运用的就是商业运作中的一种套路和模式，这种看似站在对方立场想问题实则是为了将利益滚回到自己的口袋里的致富思路，是当下 80 后在投资理财中值得借鉴的一种谋财之道。

二、要"赚"先学会"借"

1.借钱的智慧

通常创业者可以分为两种：一种是先积累资金，凑足了资本再去投资、去消费、去创业；另一种是以负债的方式来筹集资金，用别人的钱来赚钱。相比之下，显然后者的风险更大，但是它无疑拉近了与成功的距离。例如，你想开一家餐厅，但是手里没有足够的创业资金，如果你对自己的能力有足够

【理财密码】

对于很多创业者来说，"借"不仅是一种思维与行为的艺术，更是一种生存与成功的策略。这里的"借"，主要指"借钱"和"借物"这两个方面。

的信心，或许借贷的方式能为你开辟一条成功之路。

利用创业贷款政策，可以在最短的时间内筹集到创业资金，如果创业者拥有足够的实力，那么这种负债融资的方式可以更有效率地走向成功。

其实不光是创业，享受生活也是现代 80 后普遍持有的思想观念。就以买房为例，高额的房价对于很多月薪在 5000 元以下的人而言是一笔沉重的负担，没有积蓄、没有稳定的收入，拿什么来买房？而面对这样的现实，越来越多的人选择通过负债的方式来实现。通过住房按揭贷款，支付一定比例的首付，然后每月以固定的金额进行偿还，让很多人实现了买房的梦想。除了买房，如今装修、买车、旅行等都可以通过负债来实现。只要具备一定的偿还能力，通过负债的方式来进行提前消费也未尝不可，它不仅能让我们享受到更好的物质生活，也能激发我们奋斗的热情。

【理财密码】

如果缺乏创业资金，除了向银行进行创业贷款外，通过借用办公场地、办公用具、设备器材等都是减少创业成本的一种途径。这种借物创业的方式在当下也成为一种流行。

2.借物的智慧

不同于一般的借物，在市场经济环境下，需要借用人付出一定的费用，而被借人通过收取一定的租金来作为报酬。这样，借用人省去了大量投资款，同时又满足了对某件物品的需求，而被借人也可以通过发展出租业来创造财富。例如，房屋租赁、汽车出租、电脑出租等，既节约了社会资源，也满足了借用人和被借人各自的需求。

借钱在于优化资金使用，以小搏大，利用借贷杠杆扩大收益；而借物在于节约资金，将更多的资金用于能带来更大收益的地方。此外，还有诸如企业借用人才，来发挥其智慧和潜能，更好地为企业创造价值；借用其他国家或其他企业先进的技术,来提高本企业的生产效率等,这些都是"借"的艺术的体现。无论是企业还是个人,都要学会使用"借"的方法,利用有限的资源创造出无限的可能。

案例1:赤手空拳打拼12年,资产上千万元

毕业于齐齐哈尔师范学院的蔚蓝,12年前只是一个弱不禁风的女大学生,12年后,她成为拥有上千万资产的吉林省蔚蓝实业有限公司董事长兼总经理。蔚蓝是如何从一名普普通通的大学毕业生成功创业成为拥有千万资产的公司掌门人呢?

在蔚蓝上大四那年,她来到长春实习,那时长春的美容行业风生水起,她觉得这是个不可多得的机遇,于是毅然不顾父母的反对,自己开始创业。当时她只是一名还未从大学毕业的学生,根本没有创业的资金。但那时的她,创业的信念很坚定,谁也阻挡不了她实现梦想的脚步。她向亲友借来10万元,在当地开了一家只有30多平方米的小型美容院。

然而,最初的时候,美容院的收益并不尽如人意,但是蔚蓝并没有因此而气馁,她觉得她要做的不仅仅是赚钱那么简单,她要的是一份事业,如果没有这份勇气去承担创业中的风险,那么成功就是一种空想。

有一段时间美容业兴起7日美白和7日祛斑的快速美容项目,很多美容店老板都因此而赚到了不少钱。但是蔚蓝却没有随波逐流,没有被利益驱使。她不建议顾客用这种速效美容的方式来达到祛斑美白的目的,因为这对皮肤来说是一种极大的伤害,容易让再生的皮肤失去原有的抗菌和抵御紫外线的能力,是非常不可取的。

【理财密码】

由于基金的种类繁多,正是因为不同品种的基金表现出来的不同特性,可以适合广大的投资者理财之用。

正是本着这种为客户负责的态度,蔚蓝坚持自己的价值观和创业原则,赢得了很多客户的欣赏,她渡过了艰难的

创业起步阶段，生意越做越大，短短两年，她便收回了首批投资，并陆续扩大美容店规模。

2002年，蔚蓝创立了吉林省蔚蓝实业有限公司。公司刚成立不久后，经过市场调研，蔚蓝决定做一个新项目。然而，新项目开展后不久，遇上了非典，就在短短的几个月之间，让蔚蓝损失近200万元。

> **【理财密码】**
>
> 简单地说，人脉就是由一个人的人际关系而形成的一种人际脉络。无论是对于想创业的人，还是普通的公司职员，甚至小到一个班集体中的一员，都离不开人脉。

那时，蔚蓝告诉自己要挺住，风雨总会过去，她一定会安然渡过这个难关的。更让蔚蓝感动的是，在她遇到难处的时候，朋友和银行给了她支持和帮助，这才让她能够很快走出困境，坚强地走过这段事业的瓶颈期。

就这样，蔚蓝从赤手空拳一个人打拼到如今身价千万，她的成功，离不开她对机遇的牢牢把握，如果没有当初她向亲友借来的10万元，也就不会有现在的上千万资产。当然，这其中，也离不开她对自己事业的执着和一种健康的创业心态。

如今，蔚蓝还是会抽出一定的时间来学习，充实自己。她在东北师范大学进修经济管理系，又在北师大进修心理学，今年又报了清华大学的MBA总裁班。她不放过任何一次可以让自己学到东西的机会，虽然现在的她，事业经营得很成功，但是她还是依然不忘给自己"充电"。

三、让人脉构筑财富之路

正如好莱坞有一句十分著名的话："一个人能否成功，不在于你知道什么，而是在于你认识谁。"或许这正是对人脉在现代人的职业生涯中所具有的重要性的最好诠释。在如今这样一个竞争极其激烈的时代里，要想赢得财运，除了掌握一定的生财之道外,人脉也是不可或缺的一个方面。

1.善用人脉事半功倍

中国有句古话,叫"在家靠父母,出门靠朋友"。这里的朋友其实指的就是一种人脉关系。当你外出就餐,你希望餐厅的老板是你的朋友,这样就可以给你最大的优惠;当你想要买房,你希望能认识一些房地产的销售顾问;当你想要投资,你更渴望身边有这样一位理财师帮你打好"金算盘"……因此,人脉的最大魅力就在于它能在你最需要的时候给你带来更多的便利,让你事半功倍。

美国著名影星寇克·道格拉斯在年轻时十分落魄。有一次,他在坐火车时遇到了一位女士,与这位女士聊得很投机,也正是这位女士,让他的人生从此发生了巨大的改变。几天后,他被邀请到电影制片厂报到。后来,他才得知,这位女士是一位知名的电影制片人。

根据美国一项关于人际关系的调查,一个人所赚的钱中,有12.5%来自知识,87.5%来自于人际关系脉络。由此可见,一个人拥有人脉优势对于他的"钱途"和前途有着多么重要的作用。没有人脉,仅靠自己单打独斗,成功变得很遥远;而如果有人脉,也许就有意想不到的收获。

2.如何构建自己的人脉

(1)学会主动与他人交流

每个人都会有自己的性格特点,有些人很外向,会和你侃侃而谈,有些人很内向,不喜欢主动与人接近。所以不要寄望于让每一个人都来主动接近自己。要建立人脉,还是需要学会主动与他人进行交流。

(2)宽容大度,善待他人

任何一个人都不希望和一个喜欢斤斤计较、对别人要求苛刻的人成为朋友。即使他人无意中说了一些不该说的

【理财密码】

本杰明·富兰克林说:"成功的第一要素是懂得如何搞好人脉关系。"而现如今有很多人也意识到了人脉在工作和生活中的重要性,但对于如何处理人脉关系,很多人却不知所措。其实,人脉关系的构建和维护需要从细微之处做起。

话,或者与你起了争执,都不要报以仇恨的眼光来看待他人。良好的人缘是建立在优秀的人格魅力之上的,因此,要想被人接受,就需要先去接纳别人。

(3)说话有分寸,但求无过

俗话说,"祸从口出",在与人的相处中,不要说不该说的话,也不要在背后议论他人,以免引起他人不必要的误会,毁坏了自己

【理财密码】

人脉关系的建立无非就是希望能够发掘到人的利用价值。如果你不具备任何优势,那么你的利用价值就会相对较小,这往往就不利于人脉关系的构建。因此,要赢得他人的赏识,就必须要让别人看到自己的价值所在,让别人对自己建立信任感,这样就可以深入人心,与别人建立起良好的关系,同样也为自己找到更多的生财机会。

在众人面前的形象。管好自己的嘴巴,约束好自己的行为,也是为自己赢得好人缘的不可忽略的一部分。

案例2:人脉生财,月入过万

陈露原本是一家外贸公司里的文秘,但是自从儿子出生后,她为了照顾孩子就在家做起了全职太太。很快,孩子就3岁了,也上了幼儿园,陈露就有了很多空闲的时间。闲暇的时候,她的邻居太太们总是找她一起搓麻将,而且一打就是一个晚上,让这些年纪轻轻的少妇们多了几圈黑眼圈,长期下来,脸色也不如从前了。

陈露长相好,爱打扮,穿着时尚,即使是搓麻将,也要让自己看上去美美的,因此大家都经常会向陈露讨教美容护肤的窍门和时尚"穿衣经"。陈露渐渐发现了这个优势,正好朋友向她推荐做护肤品销售的工作,她便一口接受了。

之后,在每次打麻将时,别人一问到陈露的护肤秘诀时,她就会把自己推销的护肤品介绍给那些太太们。因为陈露很热情,而且一直在邻里间的口碑也不错,大家都愿意买陈露的护肤品。陈露也不忘在麻将桌上夸上那些买她护肤品的太太们几句,一些开始没有买的太太们一听到陈露夸别人用了

【理财密码】

现在，对于大多数人来说"股票"已经不再是一个陌生的名词，其在作为一个典型的高风险投资工具的同时，也是目前投资理财市场上最常见的理财工具之一。

她的护肤品气色这么好，越来越显年轻，也动了心。由于陈露的热情和真诚，太太们也经常会帮她做推销。一来二去，陈露的业绩也越来越好，每个月也能够得到一笔稳定的收入，这让陈露决心要把这份工作好好地做下去。

由于陈露的人缘很好，一家保健品公司还让她兼职做起了直销。于是，陈露每月就可以拥有两份收入。当然，这其中也不乏陈露对人脉铸就财富的深刻认识。

在平时，陈露打麻将更多的是作陪，最多陪着那些太太们打两场。如果一旦有新的"麻友"出现，她便会陪着多打几圈。因为陈露知道，这是她挖掘新的客户的一个好机会。

渐渐地，靠着化妆品和保健品销售，陈露一个月收入在两三万元。后来，陈露就干脆自己找了门面，做起了品牌代理。聪明的陈露，还将触角延伸到了那些富太太的先生上，以赢得他们的信任。这样，当这些有头有脸的先生们遇到单位发福利时，就会第一时间想到陈露，这将是一笔不容错过的大生意。如今陈露又开了一个分店，保健品代理商的等级也增加了一级。

凭借着良好的人脉，陈露开辟了自己的财富之路。陈露的成功就在于她懂得人脉经营，她在平时不断积累人脉关系，然后将其用于自己的推销中，从而印证了"人脉就是财脉"这一生意经。

财富故事秀

孙小姐是一名小学老师，她对于理财向来都比较保守，最一贯的理财方式就是把钱存入银行。

孙小姐的月收入是2000多元，加上年底的几千元年终奖，她的年收入在3万元左右。每月的工资用于日常生活开销支出在1500

元左右,余下的钱就存入了银行。孙小姐平时不炒股,也不买基金,生活上也十分节俭。几年下来,她也存下了 5 万多元的积蓄。因为她目前已经拥有一套父母送给她的房子,因此也没有房租费用。她一直觉得这样的生活很轻松,把钱放在银行是最保险的,至于像别人那样用在其他的投资上,她觉得有些冒险。

其实,孙小姐在进行保守理财的同时,却忽略了一点,那就是她的理财方式过于单一,不能很好地抵御通货膨胀。也就是说,她存钱的速度远远没有 CPI 升得快,也许等到她存到了一定数额的钱,但是这些钱的价值已经远远没有当初存进去的时候那样大了。

根据中国国家统计局数据:以过去 30 年的物价升幅计算,平均每年的通胀率是 5.72%,将所有储蓄都放在银行,利息并不高,在抵御通胀、保值增值方面稍有欠缺。

对此,孙小姐可以为自己存下 3~6 个月的日常开支费用,用剩余的资金做一个合理的资产配置,选择购买一些风险较小的理财产品,以实现资产的保值和增值。

一、理财第一步,从记账开始

理财的方式有很多种,学会记账是 80 后学习理财的第一步。

下面就来介绍几种记账的方法。

1.账本"三栏式"记账法

"三栏式"记账就是在账簿上写明收入、支出和结存的栏目,每发生一笔收入或支出,都以流水账的形式按照时间逐笔进行登记,并在每个月末进行结算,年末进行总结。

2.分类信封记账法

"分类信封"记账就是指将各类消费预算存放在多个信封里,信封可以按照消费项目来进行分类,如衣、食、住、行等,并在每个信封内列有各项消费的明细。它简

【理财密码】

记账的目的是为了反映收入和支出,这样我们能更加清楚地知道钱花在了什么地方,以减少入不敷出的情况发生。

【理财密码】

网络记账是目前较为流行的一种个人记账形式。它拥有所有记账软件的优势，还可以在网络上与他人交流记账经验，了解到更多的省钱信息。受到了很多喜欢新鲜事物、追求个性的80后年轻人的欢迎。

便易操作，并且事先就对消费进行规划和预算，更有利于收入的合理分配，是一种比较适用于家庭的记账方法。

3.软件统计记账法

随着现代计算机技术的不断更新，传统的手工记账方式也正被软件记账所替代。记账软件使用十分方便，它一般设有固定的记账模式、支出明细和常用财务报表等内容，只要根据提示来进行操作即可。一些记账软件还设有错误提示，当你输入的金额不符合财务逻辑时，就无法再进行下一步操作，这就很好地避免了财务上一些故意性或无意性差错的产生，起到了监督的作用。

4.网络账本记账法

下面推荐几款目前较为实用的网络记账平台。

案例1:学会记账摆脱"月光"

小徐曾在一家外企做文秘工作，月薪6000元，但是花钱大手大脚的她，几乎每个月都存不了钱，是个典型的"月光族"。令小徐没有想到的是，金融危机来袭，公司裁员，小徐便失去了工作，这让她的生活一下子陷入了窘境。为此，小徐也不断抱怨自己，为什么平时没有一点积蓄，现在自己失去了经济来源，该怎么生活呢?

后来，小徐终于又找到了新的工作，月薪4000元，她决定再也不会像从前那样花钱如流水了，她要给自己制定一份理财计划，每月存下1000元，这样，就不会有后顾之忧了。

1.做好消费预算

对于像小徐这样的"月光族"来说，最好将自己每月的固定性开支做一个预算，包括衣食住行和娱乐等方面的消费，然后按照预算来进行支出，尽量避免超支。当然，给自己准备一本小小的记账本是必不可少的，将各类支出费用详细地罗列下来，这样就能让自己知道钱花在了什么地方。还可以根据每个月的消费记录，来分析哪些是必须性的支出，哪些是可以权衡的支出，以达到理性消费的目的。

2. 开始储蓄

根据小徐目前的情况以及当前市场利率较低的状况，建议小徐可以考虑阶梯式组合储

【理财密码】

传统的银行储蓄方式尽管比较适合"月光族"积累储蓄，但缺点是收益相对较低，因此建议小徐可适度尝试进行一些投资。小徐尚年轻，投资策略可以考虑多一点进攻性，建议选择风险适中的稳健型基金，每月拿出几百元进行定期定额投资，尽管每期资金较少，但只要持之以恒，也能积累较多的财富。

蓄法进行储蓄。在前 3 个月时，根据自身情况每个月拿出1000 元存入三个月定期存款。这样，从第四个月开始，每个月便有一个存款是到期的。如果不想到期提取，可事先与银行约定自动将其改为六个月、一年或者二年的定存。这样"阶梯式"操作，不仅保证了资金的流动性，避免了提前支取时利息受损，还可最大限度地获取利息收益。

二、做资产负债表，摸清家底

很多 80 后都会在个人理财方面遇到这样一系列的问题：自己的消费能力到底有多少？哪些钱不该花？该如何分配自己的资产？有了负债该怎么办……要解决这些问题，首先就要先了解个人或家庭的财务状况，只有摸清家底，心中有数，才能进行资产规划。为此，就需要大家掌握以下三个财务分析指标。

1.净资产比率：显示资产结构的合理性

净资产就是指资产减去负债所得的可支配资产，它是个人或家庭拥有的真正财富，它与资产总额的比就是净资产比率。净资产比率是显示资产结构是否合理的重要指标，这一指标并非越大越好，如果该比率过大，则意味着你还没有充分利

用应债能力去支配更多的资产,财务空间还可以有进一步的提升。

如果净资产比率较低,就应该扩大储蓄,提高净资产比率;当净资产出现负值时,就要尽快提高资产流动性以储备有更多的净资产来偿还债务。

2.结余比率:决定净资产提高能力

【理财密码】

负债收入比率是当年负债与当年税后收入的比,它反映的是短期债务清偿能力。这个比率不宜过高,也不宜过低,一般应保持在35%左右。对于有房贷按揭的个人或家庭而言,建议月供最好不要超过纯收入的1/3。

收入与支出的差就是结余,当然,它必须建立在收入大于支出的前提下,才有结余产生。结余占收入的比就是结余比率,它决定着净资产的提高能力,也就是决定你是否还有资金去做更多事情的能力。

一般结余比率在10%左右较为恰当,如果该比率较大,意味着资金还有很大的使用余地,如果比率较小,就要对收入和支出进行权衡。

三、省钱有一套,抠门儿有讲究

在当下80后中流传着这样一句话:"物价与欧洲接轨,房价与月球接轨,工资与非洲接轨。"不断攀升的物价和房价,让很多低收入的80后背负了沉重的负担,不得不过起"斤斤计较"的生活。于是,一批新生代的"小抠儿"们便应运而生了。他们将传统的勤俭节约思想与现代的时尚思维相结合,创造出了一种新型的理财观念,既发扬了节俭的优良

传统,又很好地与当下的时代特点做了巧妙的结合。

1.入门级"小抠儿":试客

"试消费"是很多商家为了吸引更多的顾客,积累人气而推出的一种商业营销手段,而对于消费者来说,可以免费获得一次使用该商品的机会,既满足了自己的好奇心,也可以借此机会省下一笔消费金额。

国内最大的网购平台淘宝网就设有专门的"免费试用"频道,每天都有数以万计的网购一族为了抢到一次免费试用的机会而守候在电脑前。一时间,"试消费"受到了现代年轻消费者的青睐,很多人以获得各类免费名牌商品为乐趣,成为了"专业试客",为自己节省了不少消费支出。

2.资深级"小抠儿":拼客

"拼客"是目前在现代年轻的 80 后中较为流行的一种消费方式,它是将多人集中在一起来共同完成一件事或活动,实行 AA 消费,这样既能分摊成本、共享优惠,又能享受快乐并从中结交朋友。例如,某商场推出买 400 元送 200 元的优惠活动,但你的消费达不到 400 元,如果此时有朋友和你一起拼买,你同样可以享受到优惠,这就是一种典型的"拼消费"方式。此外,如拼车、拼饭、拼游以及拼房等,也正在被越来越多的年轻人所接受。

"拼客"的消费理念就是结合更多的人,用最少的钱,买到最需要的商品,做最想做的事,享受更好的生活。

3.骨灰级"小抠儿":账客

"账客"源于网络记账,它是对网络上拥有自己的网络账本,并且有记账习惯的人群的统称,它是时下年轻人控制支出、改变消费习惯的一种新方法。

案例 2:不勒紧腰带也能有结余

小英和小健是一对刚结婚不久的

【理财密码】

只要在网络记账平台上开通个人账号,就可以拥有自己的个人账本,记录每天的收入和支出。这种新型的记账方式最终的目的还是在于帮助个人做好自己的财务管理,开源节流,积累下更多的资产。

80后年轻小夫妻,小英的月收入为3000元,小健的月收入在4000元左右,每年还能拿到近1万元的年终奖。小英爱打扮,每个月总会花很多的钱在买衣服和化妆品上,小健平时喜欢和朋友在一起玩,一有空就约上自己的好兄弟去共进晚餐。两个人的日子总是过得入不敷出,也存不下钱。小英和小健在两年之内,有这样两个目标:一个是打算要个孩子,另一个是计划买一辆汽车。但是一想到他们现在的经济状况,小英有些着急,她试图想改变这样的消费习惯,为自己的孩子攒些"奶粉钱"。

其实,像小英和小健这样的80后小夫妻由于从小生活在父母的保护伞下,对于家庭理财也没有足够的经验,要做到不吃不喝、不购物、不买东西、不与他人礼尚往来,过"勒紧腰带"的生活是不现实的,如果能够放弃一部分不必要的消费,就会让自己生活得更轻松。下面就对小英和小健的家庭资产状况进行分析,看看能否让这对小夫妻不"勒紧腰带"也能过上他们想要的生活。

小英和小健的家庭资产总计10000元(自有房产暂不估价),两人年收入为小英的36000元和小健的48000元,以及年终奖1万元,年度总收入合计94000元,年支出合计78600元,家庭储蓄15400元,储蓄占年总收入的16.38%。

从以上信息中可以看出,小英家的资产形式较为单一,虽然没有负债,但是储蓄率偏低,而家庭支出较多。但是因为小英和小健都还很年轻,建立家庭刚不久,随着岁月的磨炼和工作年限的增加,两人的收入状况会不断改善,家庭资产也会有所积累。

【理财密码】

债券购买者与发行者之间是一种债权债务关系,债券发行人即债务人,投资者(或债券持有人)即债权人。

从消费上来看,由于小英和小健想在近两年买车,因此就不得不控制平时不良的消费习惯。例如,小英每月可以少买几件衣服和化妆品,小健少去外面吃饭。在娱乐消费方面,也要适当减少各类不必要的开销,这样就可以大幅度地缩减他们每月的消费支出,提高储蓄金额。

在家庭理财中,小英和小健还需要做好以下的规划。

1.准备家庭应急准备金

生活中各种突发事件是谁都无法预料的,所以存留一部分家庭应急准备金是为了防止在遇到困境时能够救急。一般来说,应急准备金数额至少为 3 个月的家庭支出。

2.为生小孩准备资金

小健的 1 万元年终奖可以用来购买债券型基金,如果预期年收益在 7%,那么一年后,就可以拿到本息共计 10700 元。这部分本息作为生孩子的费用应该是绰绰有余了。

3.准备子女的教育金

在孩子的成长中,教育费用是一笔不小的开支,这无论在哪个家庭都是必不可少的。小英和小健如果可以从现在开始每月拿出 500 元来买一份孩子的教育基金,按预期年收益为 10%,那么 18 年后,等到孩子上大学时,就不用为学费发愁了。

4.参加基金定投

在进行上述理财规划后,小英和小健还可以拿出剩余资金的一部分来做基金定投,作为增加收益的一种投资。基金定投是一种比较适合家庭投资理财的方式,它既能分散投资风险又能保证收益。在选择基金时建议将 30% 的资金用于投资债券型基金,预期收益率在 7% 左右;而另外 70% 的资金用于投资股票型基金,预期收益率在 15% 左右。